Theo Schoenaker

# Die kreative Partnerschaft

## Das 3-Faktoren-Modell

**RDI Verlag**
36391 Sinntal-Züntersbach

Die Deutsche Bibliothek – CIP-Einheitsaufnahme

Schoenaker, Theo:
Die kreative Partnerschaft : das 3-Faktoren-Modell / Theo
Schoenaker. - Orig.-Ausg., 2. Aufl.. - Sinntal-Züntersbach :
RDI-Verl., 2001
    ISBN 3-932708-14-8

Theo Schoenaker
DIE KREATIVE PARTNERSCHAFT
Das 3-Faktoren-Modell

Originalausgabe
2. Auflage 2001
© by RDI Verlag, Sinntal
Alle Rechte vorbehalten – Printed in Germany
Druck und Bindung: FVA Fulda (Fuldaer Verlagsagentur)
Umschlaggestaltung: Peter Spiegel, Stuttgart

ISBN 3-932708-14-8

# Inhalt

# Teil V: Noch mehr Praxis..........162
– Ihr könnt noch viel zusammen machen –

# Teil I

## Darum geht es!

Man heiratet mangels Erfahrung, lässt sich scheiden mangels Geduld und heiratet wieder mangels Gedächtnis.

## Das Hauptproblem

An einem sonnigen Tag im Mai schauen sich Wilma und Norbert in die Augen – und die Welt verändert sich. Sie haben sich verliebt. Sie sind ab jetzt so viel wie es nur geht, zusammen. Sie sprechen. Mehr denn je. Über alles. Sie erzählen ohne Hemmungen. Über ihre Arbeit, die Kollegen und den Chef. Über die Freuden und die Sorgen. Über die Kämpfe und Erfolge am Arbeitsplatz. Über das, was sie gut, falsch, oder ungerecht finden. Sie sind sich einig oder widersprechen sich. Sie erzählen über ihre Kindheit, ihre Geschwister, ihre Eltern, über Freundinnen und Freunde. Sie sind sich einig, oder auch nicht, aber sie lernen sich kennen und wachsen mehr und mehr zusammen. Endlich ist da jemand, der mich versteht. Sie streicheln sich, sie spielen und lachen wie Kinder, sie ermutigen und stützen sich gegenseitig, sie sagen: „Ich mag wie du ..." „Ich finde toll an dir, dass du ..." „Ich liebe dich, weil ..." Sie machen sich schön füreinander, sie telefonieren, wenn es eigentlich nicht nötig ist, überraschen den anderen mit Geschenken oder mit Kino/Theaterkarten usw. Das Verhältnis zu Freunden und El-

9

tern wird auf eine neue Grundlage gestellt und dann heiraten sie. Sie wissen: „Wir gehören zusammen, wir verstehen uns gut, du bist ganz anders als die, die ich bis jetzt kennen gelernt habe, uns kann nichts mehr trennen. Wir haben unser Ziel erreicht. So wird es bleiben. Es wird sich nichts mehr ändern. Jetzt können wir uns wieder den anderen Aufgaben des Lebens zuwenden, insbesondere der Arbeit." Und damit sind wir mitten im *Hauptproblem*. Das ist das Problem, woran alle anderen Probleme hängen. Es ist unser Glaube, dass man für alles im Leben etwas tun muss, nur nicht für die Partnerschaft. Wir lernen, trainieren, informieren uns in Bezug auf Arbeit, Hobby, Kindererziehung und Gesundheit. Und wir glauben, dass wir in Ehe-Angelegenheiten aus den Lebensgesetzen aussteigen können. Bald, viel früher als wir es selbst merken, setzt der Zerfallprozess ein.

Wo ist es geblieben, das freie Sprechen über sich, das Zuhören und Verstehen wollen, das Streicheln und Zeit haben füreinander. Wo ist es geblieben? Das Küssen, Drücken und Lachen? Das Spielen, der Humor, das Flirten, das extra Telefonat, das Interesse für den anderen, das Sich-schön-machen und die Überraschung? Viele landen in einer Nulldiät. Die Ehe zerfällt. Und mit Recht, denn sie hat nie existiert. Sie ist kurz nach der Hochzeit gestorben. Wo Gespräche, Ermutigung und Verständnis fehlen, kann nichts Neues, das zum Guten wirkt, mehr entstehen.

So lebst du in einer Partnerschaft und fühlst dich allein. Der andere ist zwar da, aber wenn du sprichst, glaubst du, er hört nicht zu oder versteht dich nicht; du erreichst ihn nicht. Du lebst in einer Partnerschaft und hast Angst. Angst, kritisiert zu werden. Angst, nicht gut genug zu sein. Angst, etwas falsch zu machen. Angst, etwas Falsches zu sagen. Angst, verlassen zu werden. Du lebst in einer Partnerschaft. Ihr macht auf andere einen guten Eindruck und doch ... in dir ist alles so leer. Es ist alles so anständig inhaltslos. Streiten? Ja, auch. Reden? Nur das Notwendigste. Irgendwie gut seid ihr zueinander, aber das Lachen ist euch vergangen. Du lebst in einer Partnerschaft. Die Anerkennung, die Zärtlichkeit, das Küssen fehlt ... schon lange. Meckern, nörgeln, kritisieren, innere Ablehnung, Abstand bestimmen das tägliche Bild. Miteinander schlafen? Schon lange nicht mehr. Was bleibt? Ausweichverhalten in allen Lebensbereichen, Langeweile, Einsamkeit zu zweit, Sinn- und Hoffnungslosigkeit, Verzweiflung und Streit, bis hin zur körperlichen Gewalt. Einer entscheidet, dass es genug gewesen ist und spricht von Trennung oder einer von beiden macht einen Seitensprung. Die Krise ist offensichtlich. Gott sei Dank! Sie reden wieder miteinander. Sie sprechen wieder über sich, über den anderen, über das, was fehlte, und wie sie es haben wollen. An dieser Stelle könnte trotz Wunden die Ehe endlich anfangen.

Auch wenn in dieser Phase sich beide unbeherrscht und so verhalten, wie sie nie sein wollten, – sie sind nicht krank. Sie sind die Opfer der Orientierungslosigkeit, des Mangels an richtiger Information. Alle Paare können psychologische Hilfe im Sinne einer Beratung gebrauchen. Die Grundfrage dabei lautet: „Wie werde ich ein guter Ehepartner?" Es gibt gut realisierbare Antworten auf diese Frage. Den Partner wechseln und aus dem einen Häuschen in das nächste steigen, ist genauso aussichtslos, wie ein neues Klavier zu kaufen, wenn du nicht Klavier spielen kannst. Du brauchst einen guten Lehrer und das Bewusstsein, dass du täglich etwas für deine musikalische Entwicklung tun musst. Dieses Buch kann Lehrer und Orientierung sein und das Bewusstsein für die Möglichkeiten schärfen, aber üben musst du selbst.
Selten brauchen Paare eine Psychotherapie. Die meisten brauchen ein Modell, die richtige Information dazu, Beratung zu ihrer speziellen Situation und Training von neuen Verhaltensweisen. So finden sie den Weg, die Anfangsliebe wieder aufflammen zu lassen. Ich gebe euch ein Modell für eine kreative Ehe und Partnerschaft. Tut nicht zu viel auf

einmal. Fangt bescheiden an, eure Chancen stehen gut. Noch nie in der Menschheitsgeschichte hat es soviel gute Information über Partnerschaft gegeben wie heute.

Ich werde dich als Einzelperson ansprechen, weil du dieses Buch wohl alleine lesen wirst. Ich sage du zu dir, weil ich so vertrauensvoller mit dir reden kann. Ich verwende durchgängig die männliche Form Partner, weil mir die Doppelformulierung er/sie, Partner/Partnerin zu kompliziert ist. Ich meine mit Partner also auch die weibliche Person. Bitte nimm's an und mach's nicht so wichtig. Die Wörter Ehe und Partnerschaft werde ich in den meisten Fällen als gleichwertig gegeneinander austauschen. Wenn ich ausdrücklich die Partnerschaft mit Trauschein meine, spreche ich natürlich von Ehe. Übrigens werden sich wichtige Gedanken und Aussagen wiederholen, damit sie Bedeutung bekommen.

Personennamen und Situationen in Beispielen und Erfahrungsberichten sind so verändert, dass sie nicht erkannt werden können.

Wenn dir diese Gedanken einleuchten oder bekannt vorkommen, dann hast du das richtige Buch. Nimm's ernst ... das Buch und die Arbeit an eurer Beziehung. Bedeutet ihr euch noch was? Dann könnt ihr eure Beziehung verbessern. Sag nicht zu schnell nein, lauf nicht zu schnell weg. Oft ist die Krise die Brücke zum Neuanfang. Lerne dich selbst und den Partner besser kennen, lerne vertrauensvoll miteinander zu sprechen, mach eure Beziehung wichtiger als je zuvor und vergiss nicht, eure Partnerschaft hat eine Chance, wenn du erwachsen werden willst. Dieses Buch sagt dir, wie das geht und es wird dich immer wieder daran erinnern, dass Partnerschaft kein Zustand, sondern eine erfüllende, kreative Aktivität ist. Daher sein Titel: „Die kreative Partnerschaft".

Ein Hundertjähriger wurde gefragt,
warum er nie geheiratet hat.
„Ich hatte mir geschworen, nur eine
ideale Frau zu heiraten."
„Und die haben Sie nie gefunden?"
„Doch."
„Und warum haben Sie sie nicht ge-
heiratet?"
„Sie wollte nicht. Denn sie suchte ih-
rerseits einen idealen Mann."

*Shoghi Ghadimi*

## Einige Realitäten

Alle Menschen stehen vor der Realität, dass sie ihre fünf
sozialen Lebensaufgaben angehen müssen und dass sie das
Gefühl der Zugehörigkeit brauchen, um darin erfolgreich zu
sein. Eine andere Realität ist, dass wir allein selten die richtige Richtung finden. (Ver)Suchen, tun die meisten, die in
Schwierigkeiten sind, aber nur wenige finden eine hilfreiche
Orientierung.
Die Individualpsychologie[1] ist die Basis meiner Arbeit. Sie
hat in der Welt der Psychologie einen besonderen Platz. Sie
spricht eine verständliche Sprache, gibt dem gesunden Menschenverstand eine hohe Anerkennung, bestätigt, dass der
Mensch seiner Natur nach ein Gemeinschaftswesen ist, betrachtet deshalb ein gutentwickeltes soziales Interesse als
Maßstab für psychische Gesundheit, hält den Menschen verantwortlich für das, was er tut, glaubt, dass der Mensch nicht
Opfer seiner Triebe ist, sondern Schöpfer seines Lebens und
sich so oder so bewusst oder unbewusst entscheidet. Sie er-
bringt durch die Praxis den Beweis, dass Menschen sich
selbst besser kennen lernen, ihr Verhalten ändern und ihre
Beziehungen verbessern können. Sie erkennt, dass jeder
Mensch einzigartig ist und immer mehr ist, als er zeigt. Dieses Mehr wird erkennbar durch eine respektvolle, gleichwertige ermutigende Erziehung und Umgang miteinander. Sie
zeigt auf, dass der Mensch ein zielorientiertes Wesen ist und

13

dass sein Verhalten durch Ursachenforschung allein nicht sinnvoll erklärt werden kann. Sie glaubt fest an die Zukunft der Menschheit und die Gleichwertigkeit aller Menschen. Für unser Thema: Frau und Mann als gleichwertige Partner im Vordergrund. Dies sind nur einige der ansprechenden Ideen, die die Individualpsychologie aus dem Feld der Psychologie hervorhebt. Du wirst diesen Prinzipien in Verbindung mit dem Thema Ehe/Partnerschaft in diesem Buch begegnen, aber bevor wir untersuchen, was sie für uns bedeuten können, erst als Einstieg ein paar Zitate von Alfred Adler, dem Begründer der Individualpsychologie (1931) zu diesem Thema:

„Wenn ich gefragt würde, was Liebe und Ehe bedeuten, würde ich folgende Definition geben, die natürlich nur unvollständig sein kann: Liebe, in ihrer Erfüllung Ehe, ist die innigste Hingabe an einen Partner des anderen Geschlechts. Sie drückt sich in körperlicher Anziehung, Kameradschaft und in der Entscheidung aus, Kinder haben zu wollen. Es kann leicht gezeigt werden, dass Liebe und Ehe ganz allgemein eine Art von Kooperation sind, nicht nur eine Kooperation zum Wohle zweier Menschen, sondern eine Kooperation zum Wohle der ganzen Menschheit." (1931/1979). „Die Liebe ist eine Aufgabe für zwei Menschen. Für viele Menschen ist dies sicherlich eine neuartige Aufgabe. Bis zu einem gewissen Grad sind wir dazu erzogen worden, allein oder in einer Gruppe zu arbeiten. Aber wir haben im allgemeinen wenig Erfahrung in der Arbeit zu zweit. Deshalb ergibt sich aus dieser neuen Lage eine Schwierigkeit, aber sie ist leichter zu überwinden, wenn diese beiden Menschen für ihre Mitmenschen Interesse hatten, denn dann können sie auch leichter lernen, aneinander interessiert zu sein. Wir können sagen, zu einer vollständigen Lösung dieser Kooperation zu zweit gehört, dass jeder Partner für den anderen mehr Interesse aufbringen muss als für sich selbst. Dies ist

die einzige Grundlage, auf der Liebe und Ehe erfolgreich sein können." (1931/1979).
„Wenn jeder mehr Interesse für seinen Partner als für sich selbst hat, wird Gleichwertigkeit herrschen. Wenn eine so innige Hingabe besteht, kann sich keiner der beiden Partner unterdrückt oder überschattet fühlen. Gleichwertigkeit ist nur dann möglich, wenn beide Partner diese Einstellung haben. Jeder von beiden sollte das Bestreben haben, das Leben des anderen zu erleichtern und zu bereichern. Auf diese Weise wird sich jeder sicher fühlen. Jeder weiß, dass er wertvoll ist und dass er gebraucht wird. Die grundlegende Garantie der Ehe, der Sinn des ehelichen Glücks, besteht in dem Gefühl, dass man wertvoll ist, dass man nicht ersetzt werden kann, dass der Partner einen braucht, dass man gut handelt, und dass man ein Kamerad und wahrer Freund ist." (1931/1979).
Die Individualpsychologie betrachtet den Menschen unter dem Blickwinkel seiner sozialen Beziehungen und beschreibt seine Lebensaufgaben als unausweichbare Realitäten wie folgt.

### Die Lebensaufgaben

Die Lebensaufgaben sind soziale Aufgaben.
Die Lebensaufgabe **Liebe** bezieht sich auf das Leben als Paar: die Sexualität, die Kommunikation und die Zusammenarbeit. Ich beziehe sie auch auf die Liebe zu den eigenen Kindern und die Liebe zu den eigenen Eltern und Schwiegereltern.
Die Lebensaufgabe **Arbeit** bezieht sich auf das Engagement, mit dem man seine Arbeit verrichtet, auf Zusammenarbeit und auf das Loslassen der Arbeitsthemen in der Freizeit. Mit Arbeit meinen wir jede Tätigkeit, die mit einer gewissen Kontinuität und Verantwortung verbunden ist, egal ob diese bezahlt wird oder nicht.

Die Lebensaufgabe **Gemeinschaft** bezieht sich auf den Umgang mit anderen Menschen, wobei der Begriff Freundschaft im Vordergrund steht. Weiter denken wir bei der Lebensaufgabe Gemeinschaft an die Beziehung zu allen anderen Menschen, die nicht in den zwei hier vorgenannten Lebensaufgaben gemeint sind. Soziale Kontakte generell als Lebensaufgabe.

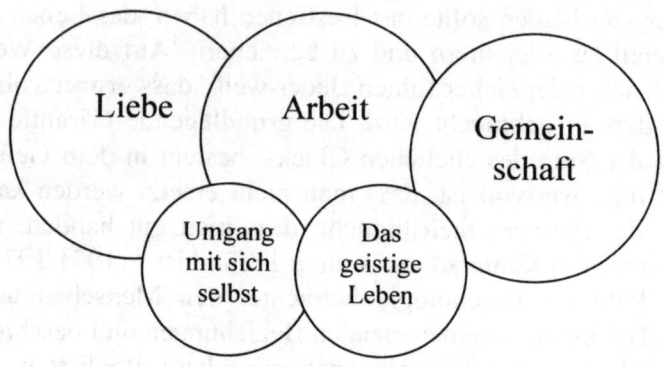

Die Lebensaufgabe **Der Umgang mit sich selbst** wurde von Dreikurs und Mosak formuliert (1967) und stellt die Frage: Wie gut kann ich mich selbst akzeptieren als gut genug so wie ich bin, und zwar jetzt? Sie bezieht sich auf die Art, wie wir uns verhalten, wenn wir alleine sind, auf den Umgang mit unserem Körper. Sie ist jedoch in den drei Lebensaufgaben enthalten, denn ohne einen guten Umgang mit sich selbst sind die drei großen Lebensaufgaben nicht zu lösen.

Die Lebensaufgabe **Das geistige Leben** (Mosak/Dreikurs 1967) bezieht sich in erster Linie auf die Aufgabe, Antworten auf Sinnfragen zu finden: Warum bin ich hier? Was hat mein Leben für einen Sinn? Was passiert nach meinem Tod? Diese Lebensaufgabe ist jedoch auch eine soziale Lebensaufgabe, da der Sinn des Lebens nur in nützlichen Verhaltensweisen und gelungenen sozialen Beziehungen zum Ausdruck kommen kann.

16

So ist es leicht zu erkennen, dass die Lebensaufgaben die Quelle des Glückes und auch der Gesundheit sind. Sie werden uns aber nicht geschenkt. Ohne innere Verbindlichkeit gelingen sie uns nicht. Nehmen wir diesen Faktor heraus, dann werden die Lebensaufgaben die Quelle für die Schwierigkeiten, die Probleme und die Sorgen, die wir im Leben haben.

Dieses Buch konzentriert sich auf die Lebensaufgabe **Liebe** und natürlich auch auf den Umgang mit sich selbst. Denn so wie man sich selbst mag, so kann man auch den Partner mögen, bzw. wenn du dich selbst nicht magst, dann hat dein Partner es mit dir auch nicht leicht. Wenn man sich selbst ständig kritisiert, dann hat man auch die Neigung, den anderen zu kritisieren. Wenn du dir selbst schon ein wenig ‚guter Freund' oder ‚gute Freundin' sein kannst, dann wirkt sich das auch auf die Lebensaufgabe Liebe aus. Du wirst dich selbst entspannen, dich richtig ernähren, dich selbst ermutigen und die Pflege deines Körpers ernst nehmen, kurz einen guten Umgang mit dir selbst pflegen. Du fühlst dich in dir wohl und kannst leichter geduldig, gut und tolerant sein. So wirst du die Ideen dieses Buches leichter und mit Optimismus umsetzen.

Über die Lebensaufgabe **Arbeit** werde ich nicht sprechen, obwohl die Art, wie wir mit der Lebensaufgabe Arbeit umgehen, natürlich auch die Partnerschaft beeinflusst. Manche leben sehr aktiv und sehr engagiert ihre Lebensaufgabe Arbeit und schleppen den Frust bzw. die Arbeit, die Akten und die PC-Disketten mit in die Lebensaufgabe Liebe. So funktioniert das nicht, denn die Liebe ist eine eigene Lebensaufgabe und die wichtigste.

Wer sich in der Partnerschaft zugehörig fühlt, der sammelt Kraft für alle Aufgaben in der ‚Außenwelt'. Ich konnte des öfteren beobachten, wie zuerst die Ehe in die Brüche ging und dann das Geschäft. Obwohl Alfred Adler die Lebensaufgaben nie in eine bestimmte Reihenfolge gesetzt hat, setze ich die Lebensaufgabe Liebe an die erste Stelle mit der Erklärung „sorge dafür, dass du die Beziehung hinter den privaten Türen in Ordnung hast und wende dich dann deiner Arbeit zu!" Auch Jimmy Carter, der 1977 Präsident der USA wurde, sagte bei seinem Amtsantritt zu seiner Mannschaft: „Ich mache mir Sorgen um Ihr Familienleben. Ich möchte, dass Sie sich genug Zeit für Ihre Ehemänner, Ehefrauen und Kinder nehmen und sie soviel wie möglich in unsere Arbeit einbeziehen. Wir werden eine lange Zeit hier bleiben und Sie alle werden für mich und das Land wertvoller sein, wenn Sie genug Ruhe haben und ein stabiles Familienleben leben." Die Lebensaufgabe **Liebe** ist eine Aufgabe, die nie endet. Man muss sie jeden Tag neu gestalten. Du erlebst ja auch in deinem Freundeskreis oder in deiner Straße, oder in deinem Bekanntenkreis, dass viele Ehen geschieden werden, dass viele Ehen kaputt gehen, auch wenn sie nicht geschieden werden. Ehescheidungen sind zwar nicht zu begrüßen, aber sie sind oft besser – insbesondere für die Kinder – als auf Dauer in einer Atmosphäre der Abneigung zu leben. Psychologen der Universität Jena konnten feststellen, dass Kinder, die ständig starke häusliche Konflikte erleben, auch häufiger Probleme mit ihren Freunden haben als andere Kinder und Jugendliche. In der EU wird jede vierte Ehe – nach dem statistischen Amt der EU (Eurostaat) – geschieden. In der BRD jede dritte. Das hängt auch damit zusammen, dass wir nicht gelernt haben, Ehe/Partnerschaft zu einer Lebensaufgabe zu machen, sondern geglaubt haben, dass wenn wir heiraten, oder endgültig zusammenziehen, wir „es" dann haben und glücklich sind. So haben wir es als Kind gelernt: Den „Richtigen" finden, heiraten und lang und glücklich leben. In Wirklichkeit hat man in dem Moment, wo man sich für einen Partner entscheidet, oder heiratet, nur das Rohmaterial, aus dem man dann im Laufe der Jahre in täglicher Kleinarbeit das Haus der Liebe baut. Es ist gut, sich dessen bewusst zu sein, sonst denkt man, dass dieses Rohmaterial schon das Endprodukt ist.

## Das Zugehörigkeitsgefühl

Die Bedeutung des Zugehörigkeitsgefühls für die Partnerschaft kann man nie hoch genug bewerten. Der Mensch ist ein soziales Wesen und sein ursprünglichstes Bedürfnis ist es, sich zugehörig zu fühlen. Sich mit anderen Menschen aber insbesondere mit diesem einen Menschen in der Partnerschaft zu einem „Wir" verbunden zu fühlen, macht uns beschwingt und mutig. Alles, was das Zugehörigkeitsgefühl deines Partners stärkt, hebt sein Selbstwertgefühl und seine Sicherheit, dass er bei dir seinen Platz hat. Das verbessert die Qualität eurer Ehe. Überdies, alles, was du tust, um deinen eigenen Glauben, dass du so wie du bist, gut genug bist, zu stärken, macht dich fähiger zu lieben und dich mit deinem Partner verbunden (=zugehörig) zu fühlen.

Die meisten Menschen haben jedoch als Kind gelernt, dass sie so wie sie sind, nicht gut genug sind. Die Fehlerbezogenheit unserer Erzieher, unserer Lehrer, unserer Ausbilder, unseres Partners und unsere eigene, liegt an der Wurzel unseres Minderwertigkeitsgefühls. Das, was wir am meisten brauchen, das Zugehörigkeitsgefühl, geht uns verloren durch das, was wir am wenigsten brauchen und am meisten bekommen, die Kritik.

Kennst du in der Partnerschaft das Gefühl, dass dir der Boden unter den Füßen wegrutscht, weil dir die Sicherheit und der Sinn verloren gingen? Der eine fühlt sich betrogen und verlassen, der andere wertlos und abgelehnt, aber gemeinsam ist allen das Gefühl der Unsicherheit in Bezug auf den eigenen Platz in der Beziehung. Das Denken, Fühlen und Wollen sind dann beeinträchtigt.

Begriffe wie ‚Wir-Gefühl‘, ‚Zugehörigkeitsgefühl‘, ‚Gefühl der Sicherheit‘ gehören alle zu diesem Gedankenkomplex

19

ebenso wie Schaffenskraft, Freude, Lachen, Kontaktfreude, Hilfsbereitschaft, Ermutigung...

Überlege, wozu Menschen nicht alles bereit sind, um dazu zu gehören: Wir lernen tanzen, wir passen uns an, wir trinken das erste Glas Bier, lesen die Bildzeitung, rauchen die erste Zigarette, nehmen das erste Extasy, scheren uns den Kopf kahl, oder lassen uns tätowieren. Jeder macht es in seiner Art, um sich in seiner Art zugehörig und sozial sicher zu fühlen. Wenn es sein muss, lassen wir uns demütigen, um einen Platz haben zu dürfen und etwas Sicherheit darüber, dass die Dinge so sind, wie wir glauben, dass sie sind. Auch das Fremdgehen lässt sich aus dieser Sicht erklären. Wer sich in der Partnerschaft auf Dauer nicht zugehörig fühlt, der ist in der ernsten Gefahr, auszubrechen. Er ist verführbar und ein anderer Partner, der bereit ist, ihm das Gefühl der Zugehörigkeit zu vermitteln ist leicht gefunden. Und das nur, weil der Mensch ohne Zugehörigkeitsgefühl auf Dauer nicht leben kann. Die Liedermacherin Marita Schröder sagt es in ihrem Lied „Alles ist zu ertragen..." so:

*Alles ist zu ertragen, alles ist halb so schlimm,*
*wenn ich das Gefühl hab, dass ich einer von euch bin.*
*Jeder Mensch wird glücklich und findet seine Ruh,*
*wenn er sagen kann: Ich gehör dazu.*

Ich habe das Zugehörigkeitsgefühl zum besseren Verständnis auf zwei Säulen gestellt, die Säulen A und B (Schoenaker, in Franke 1997).

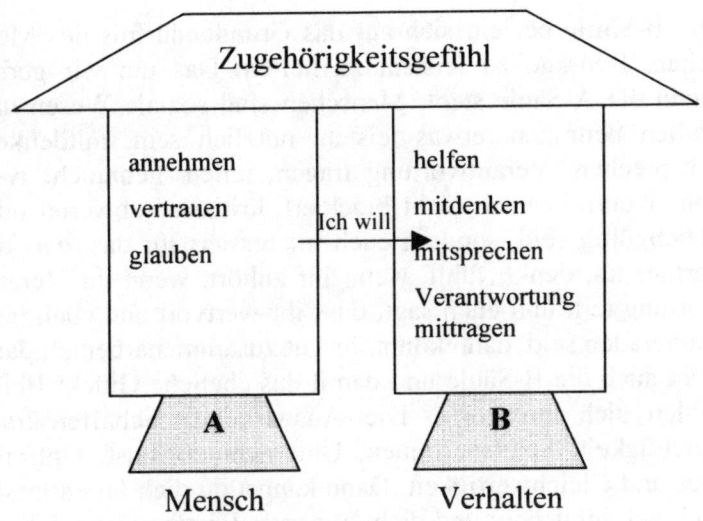

A steht für Annehmen, B für Beitragen. Wenn euere beiden Säulen stark sind, geht es euch gut.

Zur **A-Säule**: Ihr wollt euch beide angenommen fühlen, so wie ihr seid und jeder möchte, dass der andere an ihn glaubt, ihm vertraut und ihn lässt, so wie er ist. Das alles soll getragen werden durch eine respektvolle Haltung dem Menschen gegenüber. Nicht das Verhalten ist in der A-Säule wichtig, sondern das Getragen- und Angenommensein als Mensch. Ein Fehler oder eine Dummheit wird dir die A-Säule nicht wegnehmen. So merkt jeder: Hier habe ich meinen Platz, hier werde ich ernst genommen, hier will ich sein, hier will ich bleiben, weil ich hier so sein kann wie ich bin. Wer die A-Säule als Kind so oder auch nur teilweise erlebt hat, der hat eine Sicherheit in sich, die man ihm auch als Erwachsener nicht nehmen kann. Der gehört zu den „Aufstehmännchen". Willst du die A-Säule bei deinem Partner aufrichten? Willst du auch dich selbst mehr annehmen so wie du bist, an dich glauben und dir vertrauen?

Die **B-Säule** bezieht sich auf das Grundbedürfnis des Menschen, Beiträge zu leisten, zu helfen. Das tun wir gerne, wenn die A-Säule steht. Menschen sind soziale Wesen und wollen beitragen, etwas leisten, nützlich sein, mitdenken, mitsprechen, Verantwortung tragen, teilen, gebraucht werden. Wenn ihr euch nicht blockiert, kritisiert, abwertet oder gleichgültig seid, sondern euch interessiert für das, was der Partner tut, denkt, fühlt, wenn ihr zuhört, wenn ihr Verantwortung teilt und euch sagt, dass ihr wertvoll und euch gute Kameraden seid, dann könnt ihr gut zusammenarbeiten, dann steht auch die B-Säule und damit das eheliche Glück! Beide fühlen sich zugehörig. Die Auswirkung? Schaffenskraft, Leichtigkeit, Selbstvertrauen, Unternehmungslust, Optimismus und Gleichwertigkeit. Dann kannst du dich fallen lassen und dich hingeben, und dich zu deiner Bestform entwickeln. Dann willst du Rücksicht nehmen und wo nötig, verzichten. Dann macht das Zusammenleben in der Ehe auch Sinn.

Fühlen wir uns nicht angenommen, so wie wir sind (A-Säule) und für unsere Beiträge nicht anerkannt (B-Säule), dann geht uns der Sinn verloren. Auch das ist eine Realität. Es ist wahrscheinlich das Schmerzlichste, Niederdrückendste aller Gefühle, allein, abgelehnt, isoliert zu sein. Das Gefühl der Zugehörigkeit ist uns abhanden gekommen, wir glauben, nichts wert zu sein, resignieren und werden krank oder sind aggressiv. Auf jeden Fall kommen wir in der Entfremdung an und das ist wie sozial tot zu sein. Die Spannbreite der Reaktionen eines Menschen, der sich nicht zugehörig fühlt, reicht von: Über-Gebühr-Aufmerksamkeit-erregen, bis hin zum Selbstmord. Dazwischen liegen Machtkämpfe, Krankheiten, Racheakte, Einsamkeit und Hoffnungslosigkeit. Deshalb kannst du die Bedeutung des Zugehörigkeitsgefühls für die Ehe nie hoch genug bewerten. Frage dich: „Was kann ich tun, damit mein Partner sich in unserer Partnerschaft zugehörig fühlt?" Die Antworten liegen in den drei Faktoren, die hier beschrieben werden.

# Teil II

## Das Geheimnis des Sich-Verliebens

Die meisten Paare kommen in unserer westlichen Welt zusammen, indem sie sich verlieben. Es gibt mehrere Theorien, warum man sich in den einen und nicht in den anderen verliebt. Die Individualpsychologie gibt verständliche Antworten auf die Fragen des Lebens. Deshalb stelle ich in diesem Kapitel einen individualpsychologischen Bezug zu dem Thema Verliebtheit her. Ich möchte dich dabei auch zurückführen in deine eigene Verliebtheitszeit(en), damit du verstehst, warum es der eine und nicht der andere geworden ist. Das hat damit zu tun, dass du du bist; anders als alle anderen. Unverwechselbar. Du hast deinen eigenen Lebensstil.

### Du bist du! – Der Lebensstil

Die individualpsychologische Schule sagt Lebensstil, wenn andere Charakter oder Persönlichkeit sagen. Du hast trotz aller Kreativität doch eine einzigartige relativ stabile Art zu denken, zu fühlen und dich zu verhalten. Diese typische Art ist dein Lebensstil. Schon sehr früh in der Kindheit beginnt die Lebensstilbildung durch die Erfahrungen, die wir machen. Wir bilden uns Meinungen über uns selbst.

Z.B.:

- „Ich bin klein"
- „Ich bin dumm"
- „Ich bin lästig"
- „Ich bin ein Sorgenkind"
- „Ich bin schön"
- „Ich bin schnell"
- „Ich bin träge"
- „Ich bin nicht gut genug"
- „Ich bin schuld"
- „Ich muss brav sein"
- „Ich muss leiden"
- „Ich muss der Beste sein"
- „Ich darf keine Fehler machen" usw.

Aber auch Meinungen über die anderen, z.b.:
- „Die anderen sind groß"
- „Die anderen sind stark"
- „Die anderen sind blöd"
- „Die anderen sind gute Freunde"
- „Die anderen sind gefährlich"
- „Die anderen sind ungerecht"
- „Die anderen erleichtern mir das Leben"
- „Frauen sind gut"
- „Frauen sind lieb"
- „Frauen sind bedrohlich"
- „Frauen engen mich ein"
- „Männer sind stark"
- „Männer sind gewalttätig"
- „Männer sind unberechenbar"
- „Männer sind großzügig"
- „Männer sind immer für mich da" usw.

24

Und Meinungen über das Leben, z.B.:

- „Das Leben ist schwer"
- „Das Leben ist spannend"
- „Das Leben ist ungerecht"
- „Das Leben ist ein Abenteuer!  usw.

Du siehst, die Meinungspalette, die wir uns – abhängig von unseren Erfahrungen – bilden können, ist endlos. Die Summe dieser Meinungen von sich, von anderen und vom Leben nennen wir Lebensstil.

Es ist der Lebensstil, der unser Verhalten, unsere Art, etwas in der Welt zu bewegen, beeinflusst. Und da niemand auf der Welt genau deine Erfahrungen machte und daraus genau die Meinungen ableitete, die du daraus abgeleitet hast, deshalb hast du deine ganz bestimmte für dich typische Art zu denken, zu fühlen, zu erwarten, zu glauben, zu träumen, deine Art zu schauen, zu gehen und zu reagieren. Deshalb findest du Dinge und Menschen schön und wichtig, die andere hässlich und unwichtig finden und deshalb verliebst du dich in einen Menschen, in den sich andere nicht verlieben würden.

Dass also der eine eher fröhlich und optimistisch, der andere eher traurig und widerspenstig ist, der eine eher aktiv und kämpferisch strebt und der andere meint „komm ich heute nicht, komm ich morgen", der eine eher diszipliniert lebt und der andere durch das Chaos, das er anrichtet, seine Sachen nicht auf die Reihe kriegt, das steht nicht in den Sternen; es sind Ausdrucksformen des Lebensstils. Hier sind einige Beispiele aus der Praxis, die ich zur Verdeutlichung des Themas vereinfacht dargestellt habe:

Hans wurde in seiner Kindheit ungerecht behandelt. Er sagte: „Vater hat mich geschlagen und mein Bruder durfte immer alles". Er hat sich daraus die Meinung gebildet: „Die Menschen (die anderen) sind ungerecht!" Das ist zwar nur eine Meinung, aber dadurch ist er vorsichtig im Umgang mit Menschen, nicht so spontan in Kontakten, und wenn er unter

Menschen ist, fühlt er sich unsicher. So siehst du die Verbindung von frühen Kindheitserfahrungen und dem Verhalten in der heutigen Zeit.

Frau D. hat sich als Kind zu Hause abgelehnt, nicht willkommen gefühlt. Sie hat sich die Meinung gebildet: „Ich bin nicht willkommen" und „die anderen mögen mich nicht." Jetzt ist sie freundlich, zugewandt, klammert in den Beziehungen und ist ängstlich. So sehen wir sie jetzt als Erwachsene. Sie lebt mit der kindlichen Meinung: „Wenn ich nicht freundlich bin, wenn ich nicht festhalte, dann lehnen die mich wieder ab – so wie meine Mutter!"

Es gibt auch Menschen, die haben hauptsächlich gute Erfahrungen gemacht. Karl-Heinrich erzählt: „Ich habe mich zu Hause immer angenommen gefühlt; meine Eltern waren immer für mich da und ich habe mich zugehörig gefühlt in unserer Familie." Karl-Heinrich kommt im Leben gut zurecht, er ist optimistisch, glaubt an sich und ist kontaktfreudig.

In einer Beratung erzählte mir jemand, sie hätte mit ihren Geschwistern, ihren Eltern und mit ihrem Opa so viele schlechte Erfahrungen gemacht, dass sie als Kind nie gewusst hätte, wohin sie eigentlich gehen sollte, wenn sie Sorgen hatte oder mit jemandem sprechen wollte. Sie sagte: „Da hatte ich meinen Teddybär – und ich sehe mich immer noch so in meiner Vorstellung in meinem Bett liegen mit meinem Teddybär – und dem hab´ ich alles anvertraut." Sie geht jetzt durch die Welt als eine Einzelgängerin. Sie hat mehr Vertrauen zu den Dingen und der Natur als zu den Menschen.

Ich will dir hiermit sagen, so entsteht der Lebensstil des Menschen aufgrund von frühen Kindheitserfahrungen. Wir verlassen beim Älterwerden zwar unsere Kindheit, aber unsere Kindheit verlässt uns nicht. Frage dich selbst mal, wie dein Verhalten, dein Leben von jetzt in Verbindung steht mit deinen Erfahrungen in der Kindheit.

26

Frau T. kam zur Beratung wegen sexueller Schwierigkeiten. Das Thema war: „Ich kann mich nicht fallen lassen, ich kann mich nicht loslassen!" Der Orgasmus ist ja auch Ausdruck des Loslassens. Wer sich krampfhaft festhält, der kommt nicht leicht zu einem Orgasmus. Wir konnten in unseren Gesprächen über ihre Kindheit nichts Gravierendes finden, was diese Haltung erklären konnte. Deswegen hat sie zwischen den Sitzungen mit ihrer Mutter gesprochen. Und die sagte, sie hätte sie als Kind, noch bevor sie ein halbes Jahr alt war, zwei mal hintereinander beim Waschen, als sie eingeseift und glatt war, fallen lassen. Sie ist also von dem Tisch auf den Boden gefallen und wie das oft so bei kleinen Kindern ist, sie tragen keine körperlichen Verletzungen davon, aber das Kind machte eine Erfahrung noch bevor es in Begriffen denken konnte. Das sind präverbale Erfahrungen. Erfahrungen, die vor dem Entstehen der Sprache liegen. Die können wir gar nicht bewusst kennen. Sie sind zwar Teil unseres Lebens, aber wir können sie nicht zurückholen. So gibt es also viele nicht-bewusste Erfahrungen, die trotzdem unser Leben beeinflussen! Wenn ich zur Verdeutlichung das Kind vergleiche mit einer Festplatte eines Computers, dann ist das Kind wie eine Blanko-Festplatte. Impulse und Erfahrungen werden darauf aufgenommen in einer Zeit, in der das Kind nicht die Möglichkeit hat, abzuwägen, zu vergleichen und zu sagen: „Das will ich nicht haben und das will ich haben. Das stimmt und das stimmt nicht." Erfahrungen werden auf der ‚Festplatte' festgehalten und dann sind sie da. Und da ist viel mehr als wir uns im erwachsenen Alter noch vergegenwärtigen können. So wird der Klang der Stimme von Mutter oder Vater festgehalten; ein unbewusstes Wissen über die Zeit, die man uns zur Verfügung gestellt hat, ein Eindruck von der Hautfarbe, die die Mutter hatte, wenn sie freundlich war oder wenn sie wütend war, das glückliche Lächeln des Erziehers – das kann auch die Oma oder der Opa sein –, die Art wie sie sich bewegten, der Körpergeruch, die

Beschaffenheit der Haut, die Stimmungen, die sie hatten, die Qualität der Haare, die Gesichtsform und die Finger; das klingt nach Kleinigkeiten, aber es sind Eindrücke, die da sind! Auch wenn wir uns nicht bewusst daran erinnern können. Mit diesem Raster von Eindrücken aus der Kindheit reagieren wir auf unsere Umwelt.

Ich fasse das jetzt zusammen: Unsere frühen Kindheitserfahrungen bilden ein Raster, durch das wir die Welt und die Menschen wahrnehmen. Der eine guckt in die Welt und sieht, „die Welt ist gefährlich!" Nicht weil die Welt gefährlich ist, sondern weil er der Meinung ist, die Welt sei gefährlich! Bei einem anderen bei gleicher Erfahrung ist sie eine interessante Herausforderung.

Nun wie dem auch sei, wir erkennen, dass unsere Gefühle zusammenhängen mit unseren Meinungen. Hast du schlechte Erfahrungen mit Frauen gemacht, dann hast du Frauen gegenüber eher negative Gefühle und Erwartungen. Hast du gute Erfahrungen mit Männern gemacht, dann hast du Männern gegenüber eher positive Gefühle. Logisch, oder?

Gefühle fallen nicht einfach aus der Luft. Auch das Gefühl der Verliebtheit nicht! Du kennst vielleicht den englischen Ausdruck „To fall in love!" ... man fällt einfach in die Liebe, oder die Liebe fällt einfach aus der Luft. Und dann hast du es!! Und dann kannst du nichts dagegen machen. Ja, so erleben wir das vielleicht, aber so ist es nicht. Unsere Gefühle sind eng verbunden mit unseren persönlichen Erfahrungen bzw. mit unserem persönlichen Lebensstil.

## Das Gefühl des Verliebtseins

Verliebtheit ist ein Gefühl, ein Gefühl von ganz besonderer Art. Bei manchen ist es ein starkes, umwälzendes Gefühl, bei anderen ist es schwächer, aber die Tendenz, die ich beschreibe, ist bei jedem, der sich verliebt, erkennbar. Verliebte – geh mal zurück in die Zeit, in der du selbst verliebt warst –

glauben, dass die Zeit, die sie zusammen verbringen, etwas ganz Besonderes ist: Völlig anders als die Erfahrung, die andere Paare miteinander machen. Sie erleben die Menschen als freundlicher, die Farben sind irgendwie klarer, das Essen ist schmackhafter, die Sonne scheint heller, die Vögel singen glücklicher und sie selbst sind kontaktfreudiger. Schon erlebt?

Die Verliebten erleben auch sich selbst anders. Es ist als ob sie mehr Energie haben. Sie sind optimistischer, sie sind flexibler, sie sind spielerischer und fühlen sich leichter. Sie fühlen sich gut und sie mögen sich selbst gut leiden. Sie können für eine bestimmte Zeit ihre Ersatzbefriedigungen aufgeben. Sie befriedigen sich dann nicht mehr mit Süßigkeiten, Fernsehen oder Arbeitsüberstunden, sie betäuben sich nicht mehr mit Drogen oder mit Alkohol. Geld und Macht scheinen ihre Wichtigkeit zu verlieren. Das Leben hat einen ganz besonderen Sinn. Und so erfahren sie sich selbst irgendwie als vollständig, als komplett.

Die beiden wecken ineinander Fähigkeiten, von denen sie gar nicht wussten, dass sie sie haben und sie wachsen durch die gegenseitige Bestätigung und Ermutigung über sich selbst hinaus. Manchmal werden sie leichtsinnig und haben dann die Einstellung: „Es ist egal, was heute passiert!"

Das Gefühl der Verliebtheit ist wie ein Rausch und es ist zur gleichen Zeit eine geheimnisvolle Kraft gegen die wir meinen, nichts tun zu können! Tamino singt in Mozarts Zauberflöte: „Dies Etwas kann ich zwar nicht nennen; doch fühl ich's hier wie Feuer brennen." Aber oft ist da auch ein Gemisch von Unglücklichsein mit drin, Herzens-Schmerzen, Schlaflosigkeit, die Unfähigkeit sich zu konzentrieren, wenn man ohne den Geliebten ist; da ist ein heftiges und ruheloses Verlangen, mit ihm zusammen zu sein. Man ist irgendwo und ist trotzdem nicht da; in Gedanken ist man immer bei dem anderen. Man will ihn spüren, man will ihn hören, man will mit ihm sprechen. Und dann ist da dieses merkwürdige

Gefühl im Bauch oder in der Brust, von dem man nicht weiß, woher es kommt. Es ist als würde dieser Zauber von außen kommen. Es ist als ob da etwas ist, das von uns Besitz ergreift. Manchmal spricht man von dem Schicksal des Sich-Verliebens. Es ist als ob der andere Macht über uns hat: ‚Der hat mich verzaubert.' ‚Der ist im Grunde schuld.' ‚Er hat mir den Kopf verdreht.' Und du weißt ja auch, dass es Zeiten gab, in denen das Weib schuld war, wenn jemand, der sich das nicht erlauben konnte, sich verliebt hatte. Die ‚Hexe' hatte ihn verzaubert. Die Idee, dass das etwas ist, was der andere uns antun kann, ist immer noch lebendig. Eine Frau sagte: „Ich wollte mich nicht verlieben, aber dann ist er gekommen und hat mein Herz im Sturm genommen. Er muss wohl der Richtige sein." Es ist eine ganz großartige und eine sehr besondere Zeit. Dieses Gefühl ist nicht bei jedem gleich, aber ob es nun eher ein Zustand des Entzückt-seins oder ein Zustand des Verrückt-seins, oder eher ein mäßiges Sich-hingezogen-fühlen ist, immer ist der ‚gesunde Menschenverstand' beeinträchtigt und das ‚gesunde Urteil' im Grunde nicht zur Verfügung.

Es ist interessant, dass alles, was man so über Verliebtheit sagen kann, die Operettenkomponisten, immer schon wussten. Insbesondere diese Aspekte: „Ich kann nichts dafür. Es kommt plötzlich über mich." Und auch die Forderung an den anderen: „Jetzt mach mich bitte glücklich, denn ich liebe dich ja." In der Operette Clivia von Nico Dostal singt Clivia:

*Warum trieb das Schicksal mich hierher?*
*Warum ist mein armes Herz so schwer?*
*Meine Seele fühlt ein Bangen,*
*heiße Sehnsucht und Verlangen*
*und ich kenn´ mich selbst nicht mehr.*

*Ich bin verliebt; bin so verliebt!*
*Ich weiß nicht wie mir geschah,*
*auf einmal war die Liebe da!*

30

*Ich bin verliebt, bin so verliebt!*
*Das Wort klingt wie Melodie,*
*so glücklich war ich ja noch nie!*
*Was auch heut´ geschieht, das ist mir alles gleich.*
*Ich weiß nur das Eine und das macht mich reich.*
*Ich bin verliebt, bin so verliebt,*
*nie war das Glück mir so nah,*
*heut´ ist es da!*

Gut, aber wie kann man das alles nun erklären?

## Eine Erklärung

Ich erinnere noch einmal an den Begriff Lebensstil und daran, was alles seit den ersten Kinderjahren in uns „gespeichert" ist. Ich erinnere auch noch einmal an das Raster, durch das wir in die Welt hineinschauen und Menschen unter einem bestimmten Blickwinkel sehen. Es scheint deine Lebensstildatenbank zu sein, die es dir möglich macht, dich zu verlieben oder auch nicht. Welche Eigenschaften oder Besonderheiten deines Partners, hatten deine Eltern oder Großeltern auch? Hast du das schon erkannt? „Mein Vater war ungerecht zu mir – mein Mann auch!" „Mein Vater war handwerklich begabt – mein Mann kann auch alles!" „Meine Mutter hat mich immer weggeschoben – und meine Frau will auch oft alleine sein, und dann fühle ich mich wieder abgeschoben, wie damals auch!" „Meine Mutter hatte so herausragende Jochbeine – meine Frau auch!" „Meine Mutter war musikalisch – meine Frau auch. Beide spielen Klavier!" „Mein Lieblingsopa hatte so´n kleinen Bauch. – Mein Mann auch!" Es sind nicht nur die Verhaltensweisen, die man wiederfindet in dem Partner, sondern auch körperliche Merkmale, wie ich oben erwähnt habe. Nicht alle in einer Person. Nur eine Anzahl.

Wenn also zwei Menschen sich verlieben, dann ist das nicht, weil der Partner jung ist, weil sie schön ist, weil er einen guten Job hat, oder weil die beiden gemeinsame Ideen oder Interessen haben. Nein, wir verlieben uns in einen Menschen, weil das Kind von damals, das immer noch in uns lebt (der Lebensstil), den Partner verwechselt mit unseren Erziehungspersonen. Und wir hoffen, durch unseren Partner einen Menschen zu finden, der es uns ermöglicht, die guten Seiten unserer Kindheit wieder zu erleben und die Schmerzen aus der Kindheit auszuheilen. Und so geht das auch in den ersten Monaten der Verliebtheit. Der Mensch der dich liebt, im Sinne der Verliebtheit, gibt dir alles, was du brauchst. Irgendwann hat uns das tägliche Leben wieder und wir fallen mehr oder weniger wieder auf uns selbst zurück. Das kann auch niemand durchhalten, diese ständige Konzentration, auf das Wohl des anderen, so wie in der Verliebtheitszeit. Der andere ist dann ja ständig in unserem Bewusstsein, wir werden das Bild nicht mehr los, nicht bei der täglichen Arbeit und auch kaum in der Begegnung mit anderen.

Wir sind – ob uns das bewusst ist oder nicht – auf der Suche nach einem Menschen mit den vorherrschenden Charaktereigenschaften unserer Erzieher, Vater, Mutter, Großeltern, Onkel, Tante, Babysitter, Pfarrer, Erzieherin, älteres Geschwister, alle, die Einfluss auf unser Leben hatten. Es ist als ob das Kind von damals die Kindheitssituation wiederherstellen will. Ich höre oft Frauen über ihren Mann sagen: „Du gehst mit mir um, als wäre ich deine Mutter." Natürlich, deswegen hat er dich ja gefunden. „Meine Mutter hat immer alles für mich gemacht." Also verliebe ich mich blindlings in jemanden, von dem ich glaube, dass er das auch macht. Es geht also nicht um die Mutter, sondern um die Qualität „alles für mich machen". Oder in einer Kurzform von Rudolf Dreikurs, der sagt. „Verliebtheit ist das Gefühl, das wir demjenigen gegenüber entwickeln, von dem wir glauben, dass er uns unseren Lebensstil lässt." Warum soll ich mich in jemanden verlieben, der mich ändern will? Das tue ich nur, wenn das auch das Thema meiner Kindheit war. Wir verlieben uns in einen Menschen, von dem wir glauben, dass er der Ideale ist. Und dieses ‚Ideale' liegt darin, dass wir glauben, er lässt mich so wie ich bin und dass er alle meine Wünsche erfüllt ... „All my dreams fullfill, for my darling – I love you" singt Elvis Presley in „Love me tender."

Die Verliebten erkennen unbewusst ihre Erzieher und gehen auch so miteinander um. Sie halten sich im Arm und sitzen beieinander auf dem Schoß, wie Vater und Mutter es mit ihnen taten. Sie sprechen sich mit Verkleinerungswörtern an, die sie unter Publikum nie wiederholen würden. Sie streicheln und berühren jeden Zentimeter ihres Körpers und sprechen von dem süßen Näschen und dem schönen Nabel und der weichen Haut, so wie Mutter ihr Kind bewundert. Das Kind von damals, das noch in uns lebt, glaubt, jemanden gefunden zu haben, der es mehr liebt, als die eigenen Eltern es geliebt haben. Jemanden zu haben, der mich nicht fallen lässt, jemanden zu haben, der mich nicht wegschickt, jemanden zu haben, der mich nicht ungerecht behandelt, jemanden zu haben, der mich ernst nimmt. Das erlebt man in der Verliebtheitszeit auch.

Wir suchen aber unbewusst – nochmals als Wiederholung – nicht nur die positiven, wir suchen auch die negativen Qualitäten, die wir in unserer Kindheit kennen gelernt haben, denn beide Aspekte, die positiven und die negativen Seiten, machen unsere damalige Erfahrungswelt aus. Und so braucht es uns nicht zu wundern, wenn wir in unserer Ehe leider auch wieder die Verletzungen erleben, die wir in der Kindheit auch erlebt haben.

Unser gesunder Menschenverstand würde einen Partner wählen, der uns nicht im Stich lässt, einen Partner, der uns ernst nimmt, einen Partner, der uns nicht kritisiert, einen Partner, der uns nicht schlägt usw. Aber in den könnten wir uns wohl nicht verlieben. Unsere Kindheit war halt anders.

Wir verlieben uns gerade in den, der uns sowohl das Schöne wie auch das Schmerzliche wieder erleben lässt. Das hat etwas mit dir ganz persönlich zu tun. Und so ein Geheimnis ist das nicht, wenn man das Thema Lebensstil verstanden hat. Man kann sich auch fragen: Warum verliebe ich mich immer in den Falschen? Ist es der Falsche oder im Sinne der eigenen Kindheit doch der ‚Richtige'? Vielleicht nicht der Richtige, womit du glücklich werden kannst, aber der Richtige, der dir hilft, die vertraute Kindheitsatmosphäre wieder zu erleben. Nein, wir sind nicht so erwachsen, wie wir aussehen.

Ich hoffe, du gehörst zu der Gruppe von Menschen, die jetzt schon eine kreative Partnerschaft leben und dadurch eine Ausnahme von dieser Regel sind. Trotzdem, die Beschäftigung mit der „Bedeutung der Kindheit für das erwachsene Leben" (Schottky 1997) lüftet einerseits die geheimnisvollen Schleier der Verliebtheitsgefühle, andererseits wird es dir auch immer bewusster, dass sich in der Ehe zwei ‚Kinder' gegenüber stehen. In keiner der Lebensaufgaben kommen wir so überzeugt wieder ‚zu Hause' an, wie in der Lebensaufgabe Liebe. Es ist als würde in der frühen Kindheit eine bestimmte Grundstruktur gelegt, zu der wir wieder zurückkehren. Die Schritte dahin, vollziehen wir höchst kreativ unbewusst. Wir sprechen von Selbstregulierung. (Siehe Teil III, Faktor 3). Nicht, dass sich das von selbst reguliert, schließlich sind wir es ja, die die kreativen Schritte vollziehen. Wir regulieren die Bewegung zurück zur Kindheit selbst. Deshalb Selbstregulierung.

Den Menschen, der in unser Raster passt, den wollen wir haben. Und wenn wir einen Menschen verlassen und wir verlieben uns in einen anderen, dann kann es sein, dass der wieder dieselben positiven und negativen Qualitäten hat. Es kann sein, dass diese Person der ersten ähnelt, aber das muss nicht so sein. Es kann sein, dass der Neue andere Qualitäten aus unserem Raster hat.

Dein Partner, der dich geheiratet hat, nachdem er sich in dich verliebt hatte, der will dich. Wenn er über längere Zeit frustriert ist, kann es sein, dass er eine außereheliche Beziehung eingeht. Er findet diese andere Person zwar außerhalb der Partnerschaft, aber er sucht in dieser Person eine Qualität, die er sich zutiefst von dir wünscht. Die Person außerhalb ist austauschbar, für jeden anderen mit dieser Qualität.

> Mann und Frau schlafen im ehelichen Schlafzimmer. Sie träumt und ruft laut: „O Gott, mein Mann kommt." Wie vorprogrammiert springt er aus dem Bett und versteckt sich im Kleiderschrank.

## Die außereheliche Verliebtheit

Wenn beide arbeiten und keine kreative Partnerschaft leben, dann haben sie keine Zeit. Sie leiden an dem modernen ZEKZ-Syndrom: Zwei Einkommen und keine Zeit. Sie kommen in eine Routine hinein. Jeder tut seinen Teil, jeder ist müde und das, was eigentlich die Liebe ausmacht, geht verloren. Die Untreue fängt dort an, wo die Liebe aufhört, wo ich keine Zeit mehr für dich habe, wo ich kein Interesse für dich habe, wo ich nicht mehr mit dir schlafen will, wo ich nicht spreche oder nicht zuhöre. Da fängt sie an, die Untreue. Dann brauchst du nur mit einer inneren Verstimmung über die eigene Partnerschaft im richtigen oder unrichtigen Moment mit jemandem zusammen zu kommen, dem es genau so geht, dann kann es funken. Dann kannst du sprechen. Dann fühlst du dich verstanden. Wenn du dann die Sexualität aus der eigenen Beziehung herausträgst, dann ist die Ehe in einer sehr ernsten Krise. Dein Partner fühlt sich zutiefst verletzt und erniedrigt. Was bei beiden verloren geht, ist der Selbstrespekt.

Wenn du davon erfährst, dass dein Partner sich außerehelich verliebt hat, sollst du diese Situation mit Vorsicht angehen.

Eine Möglichkeit ist, eine Partnerschaftsberatung zu suchen. Das tat auch Frau T. Sie rief an und sagte:»Ich habe einen Brief gefunden von einer Frau an meinen Mann. Ich war zuerst furchtbar verletzt und wütend. Mein Mann ist zur Zeit wegen Geschäften in Hamburg, wo wohl diese Frau wohnt. So bin ich im Moment allein und habe Zeit nachzudenken. Nach der ersten Wut, hab ich gedacht und laut zu mir gesagt: „Toll, einfach toll, wie die Frau das macht. Sie schreibt ihm, was sie gut an ihm findet, wie sie ihn schätzt und bewundert und warum es schön ist, bei ihm zu sein. Das habe ich schon seit fünf Jahren nicht mehr gemacht." Jetzt will ich keinen Fehler machen. Ich brauche eine Beratung!«

Die normale, meist vorkommende Reaktion ist, sich verletzt zu fühlen, wütend zu werden, den ‚Sünder' abzulehnen, ihn irgendwie zu bestrafen, Rache zu nehmen, ihn zu kontrollieren und Schuldgefühle zu machen. Er soll ab jetzt rechtzeitig nach Hause kommen, soll auf die Knie usw. Aber damit wird nichts Gutes gewonnen. Ich sage dir, höre nicht auf diejenigen, die dir den Rat geben, jetzt wütend zu sein, dem Partner mal richtig Dampf zu machen und ihn zu bestrafen. Höre nicht darauf! Das ist der falsche Weg. Ich weiß nicht, wie es dir geht, wenn du dir mal Folgendes vorstellst: Angenommen du findest in deiner Ehe nicht das, was du suchst, kommst im falschen Moment mit jemandem zusammen, verliebst dich, und jetzt sagt dein Partner: „Du kannst nach Hause kommen unter der Bedingung dass ..." Gut, es kann sein, dass du die Außenbeziehung aufgibst. Das ist in Ordnung, aber wenn das unter dem Druck der ‚Bestrafung' passiert, was ist dann gewonnen? Ich würde das nicht machen, und wenn ich es machen würde, wäre das von dem Moment an eine Beziehung mit einem Gefälle. Sie, meine Partnerin oben und ich als der Bösewicht unten. Das hätte keine Zukunft. Gewöhnlich halten solche Partnerschaften nachdem die außereheliche Beziehung beendet war, nur noch drei Jahre. Also willst du den Partner wieder gewinnen, dann bedenke Folgendes: Eine

Verliebtheit dauert normalerweise drei Monate, wenn sie gelebt werden kann. Wenn man verliebt ist und man darf die Verliebtheit nicht leben, dann gibt es Heimlichkeiten, Versteckspiele, Lügen und Schuldgefühle. Unter solchen aufregenden Umständen kann Verliebtheit Jahre dauern. Bedenke auch, dass außereheliche Verliebtheit normalerweise in einer guten Ehe – das ist eine Ehe in der beide zufrieden sind – nicht passiert. Also wenn das passiert, dann ist nicht der Betreffende, der ausgebrochen ist, der Böse oder der Schlechte und der Fehler, sondern der Fehler liegt in der Qualität der Beziehung! Wisse also, beide haben einen Anteil an dieser Situation! Er wollte dich und nicht die andere Person, er sucht eine Qualität. Bedenke auch, dass man so ein starkes Gefühl wie Verliebtheit, das ich vorhin in allen Tonlagen geschildert habe, nicht auf Befehl und unter Druck von außen von heute auf morgen abstellen kann. Natürlich, du bist beleidigt und du bist verletzt und würdest am liebsten schimpfen und um dich herumhauen und fordern: „Hör auf damit und komm nach Hause zurück, damit wieder alles wie vorher ist!" Das ist zuviel verlangt, das geht so einfach nicht. Vergiss nicht, dein Partner ist auch in Not. Er ist auch unglücklich, weil er ja weiß, dass das, was er macht, falsch ist. Mach ihm keine Schuldgefühle. Die hat er schon. Mache ihn nicht schlecht. Wenn du zwei Menschen, die eine außereheliche Beziehung haben, schlecht machst, dann schmiedest du sie mit dem Gefühl schlecht zu sein zusammen. Und noch einmal: Tu nicht so, als gäbe es nur einen Schuldigen! Stell dir die Frage: „Was hat gefehlt?" und sucht gemeinsam darauf eine Antwort. Sag in den Gesprächen, die ihr jetzt haben werdet: „Das hätte mir auch passieren können." Und glaube nicht, dass das nicht so ist. Es kann dir genauso passieren. Du musst nur in der richtigen Verfassung sein und dem richtigen Gegenüber begegnen. Dafür brauchst du nicht Bill Clinton oder so zu heißen, das kann jedem passieren. Frau L. sagte mir: „Im Rückblick kann ich erkennen, dass ich immer dann ausgebrochen bin, wenn unsere Ehe langweilig wurde, wenn die Routine unser Leben bestimmte, wenn ich mich nicht mehr wahrgenommen fühlte und wenn er nicht zuhörte. Ich wollte nicht wirklich den anderen Mann. Ich wollte, dass mein Mann bemerkt, dass es mich gibt und dass es nicht selbstverständlich ist, dass ich seine Frau bin." Es kann dem anderen helfen, wenn du Verständnis für seine Situation hast und nicht nur wütend und moralisch überlegen reagierst. Lasse deinem Partner Zeit, wenn du ihn wieder gewinnen willst. Wenn du ihn verlieren willst, dann tu das, was alle tun: Schimpfen, mürrisch sein, ablehnend sein, weinen, fordern. Dann kannst du genauso gut sofort die Scheidung einreichen. Wenn du kannst, wenn du so kreativ bist, oder genug gute Freunde hast, die dich stützen, dann versuch doch den Partner wieder zu gewinnen, mit all den Mitteln, die du am Anfang in der Verliebtheit auch eingesetzt hast. Wie gut konntest du flirten, wie gut konntest du dich attraktiv machen, so dass er dich haben wollte.

Wenn ich mit Menschen spreche, die in so einem Problem sind und ich spreche mit dem, der zurückgeblieben ist, Mann oder Frau, und höre, wie er/sie sich dem „Bösewicht" gegenüber verhält, dann frage ich: „Was soll denn daran schön sein, dich als Mann zu haben, dich als Frau zu haben? Was soll denn daran schön sein, nach Hause zurück zu kommen, wenn du da mit deiner verletzten Mine sitzt und die beleidigte Unschuld spielst? Warum soll der überhaupt kommen? Bei der anderen ist er willkommen. Da bekommt er das, was er eigentlich sucht, die Leichtigkeit, die Fröhlichkeit und das Willkommensein. Und bei dir findet er dann die depressiv verstimmte vorwurfsvolle Frau!" Was ich vorschlage, ist nicht einfach, aber es ist trotzdem eine Richtung, die du weiter denken kannst.

Und was forderst du eigentlich? Forderst du dann von deiner Frau oder deinem Mann Treue ohne Liebe? Was soll daran dann gut sein? Du forderst, dass er dir treu ist! Und wo warst du selbst untreu? Wenn der eine untreu ist, ist – mit Ausnahmen natürlich – auch der andere ausgestiegen. Eva-Elke, kommt zur Beratung, weil sie verzweifelt ist, dass ihr Mann mit einer Kollegin eine „zu enge Freundschaft" pflegt. Von einer sexuellen Beziehung – hätten er und die Kollegin gesagt – sei nicht die Rede. Ihr Vertrauen sei jedoch zerstört. Im Gespräch stellt sich heraus, dass sie seit einigen Jahren eine Therapie macht und sich auch privat mit dem Therapeuten trifft, weil sie beide so „wunderbare Schwingungen" spüren und sie diesbezüglich neben ihrem Mann verhungere. Denke über den tieferen Sinn des Witzes am Anfang des Kapitels nach.

Ich habe mich für Paare interessiert, die nach kurzer oder längerer Untreue wieder zusammen gefunden haben. Du wirst erkennen: „Es kann auch alles anders sein."

*Ich bin 49 Jahre alt und bin mit Wilfried seit 26 Jahren verheiratet. Unsere zwei Kinder sind erwachsen und – wie wir beide meinen – gut ,geraten'.*

*In unserem Bekanntenkreis sind viele Paare auseinandergegangen oder sie haben sich nicht mehr viel zu sagen.*

*Wilfried und ich fanden immer wieder, dass die Hauptgründe für das Auseinanderleben darin bestand, dass beide sich gegenseitig viele Vorwürfe machten, stur sind, sich verletzt fühlen, manchmal sogar über Dinge, die längst vorbei sind. Nach solchen Gesprächen hatte ich immer das Gefühl, dass bei uns beiden alles in Ordnung war. Wir gingen auf jeden Fall nie in dieser Weise miteinander um. Was bei uns allerdings nicht in Ordnung schien, war unser Sexualleben. Seit etwa zehn Jahren schliefen wir nur noch sehr selten miteinander. Manchmal alle zwei Monate, das allerdings mehr aus einem Pflichtgefühl heraus, nicht aus Lust. Ich fand das nicht weiter schlimm, wusste aber, dass Wilfried darunter litt. Ich schob meine Unlust auf die Wechseljahre und stellte fest, dass andere Frauen in meinem Alter auch wenig Wert auf Sex legten.*

*Vor zwei Jahren (ich war 47) fuhr Wilfried zu einem einwö-*
*chigen Weiterbildungsseminar. Wir waren beide traurig dar-*
*über, dass wir uns wieder für mehrere Tage trennen mussten.*
*Ich habe an seinem Abreisetag abends, als ich mich so allein*
*fühlte, einen Liebesbrief an Wilfried geschrieben und zwei*
*Tage später schickte ich ihm auch noch ein Fax, in dem ich*
*ihm schrieb, dass ich ihn liebe und mich schon sehr auf das*
*Wiedersehen mit ihm freue. An seinem letzten Seminartag*
*fuhr ich mit dem Zug nach Frankfurt, um mit ihm das Wo-*
*chenende dort zu verbringen. So hatten wir es beide geplant.*
*Ich nahm in dieser Woche fünf Pfund – die ich meinte zuviel*
*zu haben – ab, ging zum Friseur, zog mich schick an und*
*freute mich riesig auf unser Wiedersehen. In Frankfurt ange-*
*kommen, musste ich über eine Stunde auf Wilfried warten;*
*das war unüblich und machte mich etwas unruhig. Als er*
*kam, hatte er Tränen in den Augen. Er erzählte mir, dass er*
*sich in eine Mary-Ann verliebt habe. Ich fand das nicht so*
*schlimm, zumal ich mir sagte, dass es in so einem Seminar,*
*wo man eine Woche miteinander arbeitet, spricht und isst,*
*schnell mal geschehen kann, dass man sich verliebt fühlt. Ich*
*bin da nicht so prüde.*
*Ich spürte sehr schnell, dass Wilfried sich in dieser Woche*
*sehr verändert hatte. Er war unheimlich „gewachsen"; ich*
*fand ihn plötzlich so männlich. Er küsste zum Beispiel ganz*
*anders und er wirkte viel sicherer und stärker. Wir hielten*
*uns an diesem Wochenende fast nur im Hotel auf, wir*
*schliefen plötzlich gern und sehr häufig miteinander. Aller-*
*dings gab es auch viele weinende Momente, weil er mit der*
*Trennung von Mary-Ann nicht zurecht kam.*
*Als wir wieder zu Hause waren, telefonierte mein Mann viel*
*mit Mary-Ann. Für mich war das zunächst in Ordnung. Nach*
*einiger Zeit merkte ich jedoch, dass die beiden stundenlang*
*miteinander telefonierten. Ich konnte kaum noch zu Hause*
*anrufen, das Telefon war ständig besetzt. Ich begann, miss-*
*trauisch zu werden und konnte es nicht mehr für eine vorü-*

*bergehende Verliebtheit halten. Bald fand ich Liebesbriefe. Diese Briefe machten mir klar, dass das doch ein sehr intensives Verhältnis geworden war. Solche Briefe hatte ich noch nie bekommen! Das kränkte mich, machte mich sehr eifersüchtig, sogar panisch. Auch Wut auf beide kam in mir auf. Für mich begann nun eine lange Leidensphase von mindestens einem Jahr. In diesem Jahr war ich aber auch glücklich, denn Wilfried kümmerte sich sehr um mich. Wir waren wieder unheimlich verliebt ineinander und schliefen oft mehrmals täglich miteinander. Fast jeden Tag bekam auch ich einen Liebesbrief, aus dem ich entnehmen sollte, dass Wilfried mir noch nie so nahe war, wie in dieser Zeit. Er gab mir zu verstehen, dass die Beziehung zu Mary-Ann für ihn sehr wichtig sei, weil sie ihn so positiv verändert hatte. Von dieser Veränderung hatte ich ja auch sehr viel. Ich konnte seine Gefühle gut nachvollziehen. Er wurde in vielen Bereichen sehr aktiv; früher hatte er oft depressive Phasen, bei denen ich mich sehr hilflos fühlte. Nun hatte er unglaubliche Energien, nichts machte ihm mehr Sorgen; er konnte plötzlich vor vielen Leuten eine Rede halten, wovor er früher immer Angst hatte.*

*Ich verliebte mich sehr in diesen neuen Mann; für mich drehte sich alles nur noch um ihn. Allerdings hatte ich auch Angst, ihn verlieren zu können.*

*Nach einigen Monaten spürte ich, dass Mary-Ann mich verdrängen wollte. Sie war eifersüchtig auf mich und wollte die Nummer eins bei Wilfried sein. Ich sprach viel mit ihm über meine Ängste. Es gab oft Tränen, weil er merkte, dass ich es lieber gehabt hätte, sie los zu sein. Ich nahm sehr stark ab und mochte nicht mehr essen. Darunter litt Wilfried sehr; er hatte wohl ein schlechtes Gewissen. Es gab Spannungen zwischen uns, die uns beiden sehr zu schaffen machten.*

*Ich war überzeugt davon, dass ich ihn eher verlieren würde, wenn ich ihm Vorwürfe machte. Dadurch, dass ich Verständnis für ihn zeigte, kamen wir uns dann immer wieder näher. Ich versuchte, meine Sorgen vor ihm zu verbergen, beobachtete aber sehr aufmerksam das Verhältnis zwischen den beiden. Sie trafen sich sogar mehrere Male. Für mich waren das schreckliche Tage, und dennoch war ich stolz auf mich, dass ich mich so verständnisvoll verhielt. Ich vertraute darauf, dass Wilfried unsere Ehe nicht zerstören wollte. Während dieser Zeit, besonders wenn ich gelitten hatte, hätte ich gern mit jemandem darüber gesprochen. Unseren Freunden wollte ich nichts davon erzählen, weil ich befürchtete, dass sie mich dazu bringen wollten, härter zu reagieren. Ich hätte mit Wilfried niemals hart umgehen können. Schließlich gab es nichts, was ich in dieser Zeit vermissen musste. Ich mochte mich nur liebevoll verhalten. Unsere Freunde hätten mir sicherlich geraten, mir so etwas nicht bieten zu lassen, sondern ihn notfalls zu verlassen, oder ihn mindestens vor die Entscheidung zu stellen: Sie oder ich.*

*Dennoch ertappte ich mich immer wieder bei dem Gedanken, dass ich glücklicher wäre, wenn diese Beziehung mit Mary-Ann zu Ende wäre.*

*Nach neun Monaten begann sie Schwierigkeiten zu machen, sie wollte mehr von Wilfried haben. Da er ihr das nicht bieten wollte und konnte (die Entfernung war zu groß), verliebte sie sich in einen anderen Mann und beendete überraschend schnell diese Liebesbeziehung. Wilfried litt sehr darunter, was ich wiederum gut verstehen konnte. Ich habe ihn in dieser Zeit viel getröstet. Mir selbst ging es nun besser, ich musste keine Angst mehr haben, ihn zu verlieren. Ihm ging es allerdings lange schlecht, was mir zeitweise auch große Sorgen machte. Doch durch mein Verständnis für seine Gefühle schafften wir es immer wieder, uns glücklich zu fühlen.*

*Mir geht es zur Zeit sehr gut, Wilfried ist inzwischen viel stabiler geworden. Wir lieben uns sehr und sind uns sehr wichtig geworden. So gesehen war das Verhältnis zwischen* meinem Mann und Mary-Ann eine Bereicherung für unsere Ehe.

Heute weiß ich sicher: Das hätte sich nicht so entwickeln können, wenn ich mich abweisend verhalten hätte.

Eine andere Klientin schrieb mir folgenden Brief:

*Mein Mann hatte mit meiner besten Freundin eine Liebesbeziehung, die bis zu ihrer Entdeckung ca. ein halbes Jahr gedauert hatte. Ich war sehr verzweifelt, denn ich lief Gefahr gleich zwei Menschen zu verlieren, die mir sehr nahe standen. Ich ging zur psychologischen Beratung. Die Inhalte waren:*

> *Loslassen der Erwartungen und Forderungen an meinen Mann, wie: Er muss sich entschuldigen; er muss mich wieder lieben usw.*

> *Verzeihen*

> *Denken in Zuneigung*

> *Meine eigenen Fehler sehen (Was hat er bei mir vermisst, was er bei der anderen Frau gefunden hat?)*

*Meine Erfahrungen damit sind Folgende:*
*Obwohl mein Mann mir in einem Gespräch sagte, dass er für die andere Frau alles, für mich aber nichts mehr empfinden würde, glaubte ich ganz fest daran, dass er zu mir zurückfinden könnte.*

*Durch meine Forderungen und Erwartungen an ihn, wie er sich nach dem Seitensprung zu verhalten habe, übte ich Druck auf ihn aus und es passierte nichts oder das Gegenteil. Nach und nach konnte ich die Erwartungen loslassen und brachte meine Energie verstärkt in die anderen Lebensaufgaben ein, ohne die Lebensaufgabe Liebe aus dem Blick zu verlieren. Ich übte mich in Geduld und im Verzeihen, denn ein Neuanfang war nur möglich, wenn ich verzeihen konnte. Es gelang mir auch. Trotzdem machte ich in einigen stark emotional aufgewühlten Situationen meinem Mann wüste*

*Vorwürfe. Als ich aber nicht mehr um Liebe und Zuneigung „bettelte" bzw. sie nicht mehr einforderte und mich mehr darum kümmerte, dass es mir selbst gut ging, dass es den Kindern gut ging und zu Hause eine angenehme Atmosphäre herrschte, öffneten sich meinem Mann auch zunehmend Wege, seine Zuneigung zu mir wachsen zu lassen und sie mir zu zeigen. Dieser Prozess der gegenseitigen Annäherung, des Neu-Kennenlernens und des Neu-Verliebens dauerte zwei bis drei Jahre.*

*Heute spüre ich eigentlich täglich, dass mein Mann mich mag, stolz auf mich ist und dankbar, dass wir diese Durststrecke überwunden haben. Wir haben verstanden, dass Ehe eine Lebensaufgabe ist, an der ständig gearbeitet werden muss. Rückblickend bin ich dankbar für die Chance, an dieser Aufgabe zu wachsen.*

Derjenige, der ausgebrochen ist, ist gefangen zwischen zwei Polen. Er fühlt die Verantwortung für zu Hause, für die Kinder, aber auch für den anderen, in den er sich verliebt hat. Da ist eine tiefe innere Verbindung gewachsen. Den anderen kann er ja nicht einfach so fallen lassen. Aus deiner Sicht sollte er das tun, aber er will/kann nicht. Hier das starke Gefühl der Leidenschaft, dort die Verantwortung und die Pflicht. Er hat einen Konflikt.

Es geht jetzt aber um einen möglichen Neuanfang. Wenn du zurück geblieben bist, dann geht dein Weg über den Weg des Unabhängigerwerdens, Eigenständigerwerdens. Höre dabei nie auf, das Gute an dem Partner zu sehen. Da war die Untreue. Er ist ausgebrochen, aber all das andere Gute ist doch auch noch da.

Ich habe heute morgen einen Brief bekommen von jemandem, der sehr böse mit mir war. Ich habe offensichtlich etwas Falsches gesagt, ich habe ihn offensichtlich entmutigt. Der Brief ging so zu Ende: „... ich will mit dir nie mehr etwas zu tun haben." Das kann man zwar nicht mit unserem

Thema vergleichen, und doch ist da etwas ähnliches. Da ist ein Mann, den ich mag. Wir haben viele Dinge zusammen gemacht und es gibt viel Gutes, was mich an ihn erinnert. Da fragte mich Julitta: „Wie gehst du damit um?" Ich sagte: „Ich mag den Kerl. Ich habe so viele gute Erinnerungen an ihn, die lass ich mir nicht'nehmen. Ich werde ihm jetzt einen guten Brief zurück schreiben, und ich werde respektieren, dass er mich nicht mehr sehen will. Aber ich mag ihn trotzdem." Ich habe in dem Moment, in dem ich diesen Standpunkt einnahm, gemerkt, dass ich das, was er mir als Verletzendes gegeben hatte, viel leichter annehmen konnte. Ich trenne zwischen meiner grundsätzlichen Sympathie für ihn auf der einen Seite und der unglücklichen Begebenheit auf der anderen Seite. Wir gehen beide unsere Wege, und ich brauche keinen Hass, um meinen Weg zu gehen. Ich lass ihn nicht fallen, jedenfalls nicht in mir.

Tue auch du etwas für dich selbst, mach eine Therapie oder eine Beratung und sorge dafür, dass du dein Selbstwertgefühl wieder aufbaust. Es wird ganz sicher etwas Gutes dabei heraus kommen. Vielleicht in Bezug auf die Partnerschaft, die neu anfangen kann, vielleicht in Bezug auf deine eigene Entwicklung. Es ist verständlich, dass du beleidigt, verletzt, traurig, fordernd oder schuldzuweisend reagierst, aber dabei kommt nichts Gutes heraus. Suche Menschen, die dir helfen, auch den Partner zu verstehen. Und lerne zu verzeihen. Er ist nicht böse, nicht schlecht. Nur verliebt. Warte mit wichtigen Entscheidungen bis du wieder ruhiger bist. Die Krise ist nicht die Zeit, wichtige Entscheidungen zu treffen.

Frau B., seit neunundzwanzig Jahren verheiratet, befindet sich in einer misslichen Lage. Ihr Mann hat seit einem Jahr eine intime Beziehung zu seiner Sekretärin. Nach einem längeren Prozess der üblichen Lügengeschichten und Entschuldigungen hat er es ihr gestanden. Seitdem kämpft sie darum, ihn zurück zu gewinnen. Sie macht es mit genau denselben falschen Mitteln wie die meisten Betroffenen es tun. Nämlich mit Zwingen, mit Kontrolle, mit Weinen, mit Vorwürfen, mit Wutausbrüchen, mit Erpressen und Schuldgefühle machen. Das alles treibt ihren Mann immer weiter von ihr weg. Er selbst befindet sich auch in einer misslichen Lage. Seine Freundin hat für ihn ihre eigene Ehe zerstört und klammert sich an ihn. Er fühlt auch Verantwortung für sie. Er liebt sie und will sie aus den zwei Gründen Liebe und Verantwortung nicht einfach fallen lassen. Frau B. und ihr Mann sprechen sehr offen über diese Situation. Die offene Art der Unterhaltung hat wohl er am meisten gewollt, weil er mit den Lügen nicht leben will. Andererseits will er seiner Frau nicht wehtun und er will der Freundin nicht weh tun. So sucht er die Balance, mit zwei Frauen zu leben und versucht auch seiner Frau klarzumachen, dass sie sich damit abfinden muss, dass das ein Status Quo ist. Sie sprechen zu Hause zwar offen über das Problem, aber beide sind angesehene Bürger der Stadt und so ist es beiden wichtig, dass nichts von diesem Unfrieden nach außen tritt. Frau B. kann sich aus diesem Grund auch keiner Freundin anvertrauen. Sie reagiert neben den oben erwähnten Verhaltensweisen mit Depressionen und ist damit in psychiatrischer Behandlung. Was soll sie jetzt machen? Sie ist in all den Ehejahren nur auf ihren Mann fixiert gewesen und hat die Selbständigkeit, die sie vor der Ehe hatte, völlig verloren. Sie ist in allen Bereichen von ihrem Mann abhängig. Sie kann sich nicht vorstellen, eine Entscheidung zu treffen für einen eigenen Weg ohne ihren Mann. Sie entscheidet sich also, diesen Balanceakt mitzumachen. Wie unmöglich das für manch einen auch erscheinen mag, für sie gibt es aus ihrer Logik keine andere Möglichkeit. Alleine leben kann sie nicht. So will sie also mit ihrem Mann leben, aber dieser hat sich entschieden mit beiden Frauen zu leben. So muss auch sie also den Weg finden die Situation zu akzeptieren. Sie ändert schon ihre Selbstgespräche ein wenig, indem sie sich sagt: „Es geht mir ja doch gut; ich habe Haus und Garten und kann doch noch für meinen

Mann sorgen." Aber sofort danach klingt in ihr die Stimme:
„Es geht mir gar nicht gut und es tut sehr weh." Der Prozess
ist noch nicht beendet.

Im Moment „will" sie ihrem Mann noch weh tun. Sie will
ihm noch Schuldgefühle machen, indem sie ihm ständig sagt,
wie falsch das ist, was er macht und wie weh es ihr tut. Sie
glaubt, wenn sie ihm keine Schuldgefühle mehr macht, dass
er dann frei ist und dann alles seinen Lauf nimmt. Jetzt, so
sieht sie ein, leidet sie, macht ihm Schuldgefühle und es hat
trotzdem alles seinen Lauf. So steht sie also vor der Entscheidung: Wohin will ich mich innerlich bewegen? Weg
vom Schmerz, Leiden und Schuldgefühle machen. Das ist, so
meint sie, für ihren Mann zu leicht. Hin zu einer klareren
realitätsbezogenen Haltung ohne Schmerzen für sich selbst,
ist ihr im Moment noch nicht so wichtig. Lieber leidet sie,
damit auch er leiden muss. Sie sieht aber ein, dass der andere
Weg mit aufbauenden Selbstgesprächen, mit mehr Eigenständigkeit und Akzeptieren der Situation, dass ihr Mann
eine Geliebte hat, ihr schon näher kommt und irgendwann
auch ihre Realität sein wird. Sie versteht schon, dass wenn
sie die Hoffnung auf eine Wiederherstellung der früheren
ehelichen Situation aufgibt, dass sie dann auch nicht mehr
ihren Mann erpressen muss. Dann kann sie loslassen und
sich entscheiden, wo sie hinwachsen will.

Franz von Suppé war ein großer Komponist. Er lebte in der
selben Zeit wie Offenbach. Offenbach war berühmter und
erfolgreicher als Suppé. Suppé komponierte, aber er wurde
nicht angenommen. Dann eines Tages trifft er eine sehr be-
rühmte Sängerin. Diese Sängerin, Sophie, wird später seine
Frau, nachdem sie ihm zu seiner Karriere verholfen hat. Als
er berühmt geworden ist, verliebt er sich in eine Gräfin. Das
verursacht eine Krise in seiner Ehe. Seine Frau steht auf dem
Standpunkt: „Ich liebe dich! Und ich lasse dich nicht fallen.
Und ich weiß, dass auch du mich liebst." Franz von Suppé
hat in dieser Zeit gerade die Oper Bocaccio geschrieben. Der

Text einer Arie lautet „...hab ich nur deine Liebe, die Treue brauch ich nicht!" Dieses Lied soll man nicht falsch verstehen. Es gehört in diese Reihe von Gedanken, die ich dir angeboten habe. Auf dem Höhepunkt der Krise kommt er von der Gräfin nach Hause und er fühlt sich zwischen beiden Frauen hin und her gerissen. Er liebt seine Frau und hat sich in die andere verliebt. Dann singt Sophie dieses Lied: „...hab ich nur deine Liebe, die Treue brauch ich nicht, denn die Liebe ist die Knospe nur, woraus die Treue bricht. So sorge für die Knospe, dass sie auch schön gedeih usw." Bist du derjenige, der sich verliebt hat? Ist die Beziehung zu Ende und willst du zurück zu deinem Partner? Dann steh dazu, dass du dich verliebt hast, steh dazu, dass in deiner Ehe etwas fehlte, steh dazu, dass auch du dazu beigetragen hast, aber erniedrige dich nicht. Dann frage dich, was du jetzt tun kannst, um deinen Selbstrespekt und den deines Partners wieder aufzubauen. Schuldgefühle brauchst du dazu nicht. Schuldgefühle helfen uns nie, uns zu bessern. Sie machen uns passiv und blockieren die Sicht auf neue Möglichkeiten, weil sie unseren Blick nach hinten richten. Bereuen ist gefragt. Das tust du, indem du verstehst, was passiert ist und konkrete Schritte zur Verbesserung unternimmst. Dann war das alles nicht umsonst. Ihr habt eine gemeinsame Zeit der Arbeit an eurer Beziehung vor euch. Sie kann euch bereichern.

Kommt es in deinem Leben öfter vor, dass du außereheliche sexuelle Beziehungen hast? Die anderen bekommen nur mit, was geschieht, aber die wenigsten verstehen, wie auch du daran leidest. Kann es sein, dass du ein starkes Bedürfnis hast in deiner Männlichkeit oder Weiblichkeit bestätigt zu werden? Immer wieder neu? Oder könnte es sein, dass du – als Frau – auf der Suche bist nach der Liebe deines Vaters, oder – als Mann – deiner Mutter? Eine Liebe, die dir gefehlt hat? Wie dem auch sei, psychologische Erkenntnisse sind eine Erklärung für dein Verhalten, aber nie eine Rechtferti-

48

gung. Wenn das ‚Ausbrechen' ein Wiederholungsverhalten ist, wäre eine länger dauernde Psychotherapie empfehlenswert. Wenn du alleine und ihr gemeinsam etwas dafür tun wollt, dass eure Partnerschaft wieder ein festes Fundament bekommt, dann können die Krisen, die ihr hattet, eine gute Erfahrungsgrundlage und Chance sein, euer Ziel zu erreichen.

---

**Von der Theorie zur Praxis**

Wie konkret können Schritte sein? Hier ist eine kleine Wachstumsaufgabe für dich:

✎ Schreibe vierzehn Tage lang drei bis fünf Dinge auf, die du an dem Tag gut an dir findest, z.B.:
- *Ich finde gut an mir, dass ich mich bei meiner Mutter entschuldigt habe, nachdem ich sie, wie so oft, angeschrieen hatte.*
- *Ich finde gut an mir, dass ich heute Abend bewusst freundlich zu Christoph war.*
- *Ich finde gut an mir, dass ich mich heute bewusst nicht mit Schuldgefühlen beschäftigt habe.*
✎ Danach kommen vierzehn Tage, an denen du pro Tag drei Dinge schreibst, worüber du mit dir zufrieden bist und zusätzlich drei Dinge, die du gut findest an deinem Partner, z.B.:
- *Ich finde es gut an **mir**, dass ich mir viel Zeit für die Kinder genommen habe. Ich finde gut an **Christoph**, dass er sich heute sichtlich bemüht hat, auf mich zuzukommen.*
- *Ich finde gut an **mir**, dass ich mich heute innerlich ruhiger gefühlt habe. Ich finde gut an **Christoph**, dass er mich heute Nachmittag so liebevoll umarmt hat.*
❦ Sage dir als neues Selbstgespräch öfters etwas wie: „Ich habe nicht korrekt gehandelt, und wir haben alle daran

gelitten, aber jetzt ist es genug. Ich bin ich und tue mein Bestes. Auf die Knie gehe ich nicht. Ich bin ein gleichwertiger Partner und bereit und fähig zu einer guten Partnerschaft."

## Verliebtheit – muss das sein?

Als ich einen Mann fragte: „Warum heiratest du deine Freundin nicht?" antwortete er: „Ich kann sie nicht heiraten, denn ich habe mich nicht in sie verliebt". Es wurde bald klar, dass das sein Alibi war, um die lose, unverbindliche Beziehung aufrecht zu erhalten. Die Verliebtheit ist nicht Voraussetzung für die Partnerschaft. Es ist in unserer Kultur so üblich, diese Phase durchzumachen. Ohne Verliebtheit, mit einem klaren Kopf, könnte man sich besser kennen lernen und feststellen, ob dieser Mensch zusammenarbeiten kann, Gleichwertigkeit anstrebt, Humor, Optimismus und einen gesunden Menschenverstand hat, gut zu seinen Eltern ist und eine gute Mutter oder ein guter Vater sein kann. In anderen Kulturen heiraten Menschen, die sich noch nie gesehen haben. Sie gewöhnen sich aneinander. Diese Ehen sind nicht schlechter als hier. Im Westen heiratet man den, den man liebt. Im Osten liebt man den, den man heiratet. Die Koppelung von Verliebtheit und Ehe ist ein kulturelles, kein notwendiges Phänomen. Auch bei uns gibt es Männer und Frauen, die – allmählich vierzig Jahre und älter geworden – verstanden haben: Für einen Menschen mit einer problematischen Kindheit kann Verliebtheit eine Falle sein. Sie wissen aus Erfahrung, dass sie, wenn sie sich auf das Gefühl der Verliebtheit verlassen, sich immer wieder in einen Menschen verlieben, der nur eine konfliktreiche kurzlebige Beziehung möglich macht; sie wissen aber auch, dass sie lernen können, aus anderen Überlegungen heraus eine dauerhafte Partnerschaft zu beginnen. Etwa so: „Ich will nicht alleine leben. Ich

50

will einen Menschen mit dem ich sprechen, lachen und weinen kann, gemeinsame Ziele anpeilen kann, und zu dem ich gut sein kann. Ich brauche die entrückte Leidenschaft der Verliebtheit nicht mehr. Ich will, sobald ich ihn finde, mit ihm eine gemeinsame Therapie machen, denn er wird es mit Partnerschaft wohl auch nicht leicht haben, sonst hätte er ja nicht gerade mich gefunden."

Verliebtheit ist keine Vorbedingung für Partnerschaft. Wie war das damals bei deinen Großeltern? Sie heirateten noch schnell bevor der Opa in den Krieg zog. Krieg und Gefangenschaft trennten sie für fünf bis zehn oder mehrere Jahre. Als sie sich wieder sahen, waren beide anders geworden. Viele waren sich fremd. Insbesondere sie hatte sich geändert. Sie war reifer, selbständiger und entscheidungsfähiger geworden und konnte ihr Leben alleine leben. So gab es nicht wenig Schwierigkeiten, aber die meisten Paare haben sich zusammengerauft. Von Verliebtheit war nicht die Rede. Andere Frauen haben den erstbesten Mann, der sie heiraten wollte, genommen, weil es nach dem Krieg kaum Männer zum Auswählen gab. Von Verliebtheit war auch da nicht die Rede. Wenn ich mir ihre Kinder anschaue, meine ich: Sie haben es auch ohne Verliebtheit gut gemacht!

# Teil III

## Das 3-Faktoren-Modell

Eine Freundin sagte mir: „Ich weiß eigentlich gar nicht, was eine gute Ehe ist. Bei meinen Eltern habe ich Vernachlässigung und Gleichgültigkeit gesehen, durchsetzt von Eifersucht. Jetzt fühle ich mich vernachlässigt wie meine Mutter und leide selbst an Eifersucht. Was ist eigentlich eine gute Ehe?"

Es gibt drei Faktoren[2]:

- Verbindlichkeit,
- Zuneigung,
- Kennen lernen,

die eine dauerhafte gute Partnerschaft möglich machen und somit die obige Frage beantworten. Diese sind auch die Leuchttürme, die uns zur Liebe zurückhelfen, wenn wir auf stürmischer Ehe-See die Orientierung verloren haben.

## Faktor 1 – Die Verbindlichkeit

Verbindlichkeit bezieht sich auf das Bewusstsein, für den Erhalt und die Qualität der Ehe verantwortlich zu sein und auf den Willen sich dafür einzusetzen. Verbindlichkeit ist damit das Gegenteil von Ich-Bezogenheit und Kindlichkeit.

Das Kind hat noch nicht erkannt, dass sein Leben unter der Forderung allgemein verbindlicher Maßstäbe steht. Das Kind kennt nur Verbote. Für die Partnerschaft ist es ein Vorteil, wenn der Einzelne die notwendige Realität bestimmter verbindlicher Normen schon erkennt und anerkannt hat und so gesehen schon erwachsen geworden ist. So ein Partner kann für sich Verantwortung tragen und allgemein anerkannte Normen von Recht und Unrecht, Gut und Böse akzeptieren. Er ist begeisterungsfähig, kann andere achten, gerecht und sachlich urteilen, sich dem anderen hingeben. Kurz: Er kann lieben.

Auf einer anderen Ebene heißt Verbindlichkeit: Du bist für mich etwas Besonderes und ich will mit dir in Einheit und Liebe leben, so dass wir beide aus dieser Beziehung Kraft schöpfen und so einen emotionalen Rückhalt haben für uns und unsere Kinder. Jeder weiß: „Hier gehöre ich hin". Es heißt auch Standhaftigkeit in schwierigen Lebenslagen. Verbindlichkeit lässt keine halben Sachen zu.

Es scheint eine Sehnsucht, der menschlichen Seele zu sein, einen Menschen für sich alleine zu haben. Einen Menschen, mit dem man alles teilen kann, einen Menschen mit dem man sprechen kann, einen Menschen vor dem es kein Verstecken, keine Geheimnisse gibt; einen Menschen, dem man vertrauen kann, einen Menschen, von dem man weiß, der steht zu mir, auch wenn mich alle anderen schon haben fallen lassen. Das meine ich mit dem emotionalen Rückhalt und mit Sicherheit als Ergebnis von Verbindlichkeit.

Die praktische Auswirkung der Verbindlichkeit ist, dass man den Partner annimmt so wie er ist und die gegenseitigen Eltern so wie sie sind. Jeder einzelne muss diese Haltung erarbeiten. Es ist ein nie endender Prozess der persönlichen und gemeinsamen Entwicklung. Dafür muss man etwas tun, jeder für sich im Kopf und im Herzen, in Gesprächen miteinander, in bewussten Entscheidungen und neuen Verhaltensweisen. Aber insbesondere: Standhalten! Wenn du in deiner Ehe nicht glücklich bist, dann hat das auch etwas mit dir zu tun. Wenn du flüchtest, hast du nichts gelernt und die nächste Krise in der nächsten Beziehung kommt bestimmt. Unser Leben ist ganz allgemein flüchtiger geworden. Viele Menschen wollen sich nicht festlegen. Man probiert aus, und wenn es nicht mehr gefällt, legen wir es wieder ab, wie das Buddha-Perlenband, das am nächsten Tag nicht mehr zur Garderobe passt. Vieles ist unverbindlich und oberflächlich und doch suchen wir den Ort, wo wir in der schwindenden Stabilität der wirtschaftlichen, kulturellen und sozialen Kontakte, Sicherheit finden. Wenn du keine Angst hast, dich verbindlich für die Zukunft mit diesem Menschen zu entscheiden, die Türen zu schließen und alles auf diese eine Karte zu setzen, dann hast du den Ort gefunden. Noch nie hat es soviel Wissen und Hilfsmöglichkeiten zum Thema Ehe gegeben wie jetzt. Auch für dich, für euch. Ohne Glauben daran, dass eine Ehe von Dauer sein kann, wäre jede Anstrengung, sich in dieser Welt irgendwie einzurichten, sich zugehörig zu fühlen und seinen Platz zu finden, letztlich nichtig. Ehe, ich weiß es, das geht!

Nein, so selbstverständlich ist diese Art von Verbindlichkeit, wie wir um uns herum sehen, ja nicht. Die steigenden Scheidungsraten und die zunehmenden Einzelhaushalte, die vielen Partnerschaften, die zusammen bleiben und nicht glücklich sind, bestätigen: So selbstverständlich ist es nicht, dass wir einen Partner für uns allein haben und uns dabei geliebt und sicher fühlen. Viele gehen auseinander und viele sind, obwohl sie zusammen bleiben, trotzdem weg! Kennst du das? Zusammen zu sein und trotzdem weg zu sein? Es gibt Zeiten, wo die Sehnsucht, die Hoffnung und die Dankbarkeit für den Partner stärker sind, und es gibt Zeiten, wo sie weniger stark sind, und Zeiten, wo wir den Glauben an bessere Zeiten verloren haben. Dann ist es Zeit, inne zu halten und sich zu besinnen auf die Liebe.

Ich lag neulich im Krankenhaus. Während ich auf dem OP-Tisch lag – bei lokaler Betäubung – hatte ich etwa zweieinhalb Stunden Zeit zum Nachdenken über Fragen wie: „Was ist sinnvoll? Was hat mein Leben für einen Sinn? Welche Rolle spielt meine Partnerin darin? In der Zeit habe ich sehr stark erlebt, wie wichtig Julitta für mich ist, dass ich sie liebe und dass ich sie nicht verlieren will. Zu Hause habe ich anschließend ein Lied von Beethoven gefunden. Genau zu diesem Thema. Dieses Lied singe ich gerne für Julitta, meine Frau:

*Ich liebe dich so wie du mich*
*am Abend und am Morgen,*
*noch war kein Tag, wo du und ich*
*nicht teilten unsere Sorgen.*

*Auch waren sie für dich und mich*
*geteilt leicht zu ertragen;*
*Du tröstetest im Kummer mich,*
*ich weint in deine Klagen.*

*Drum Gottes Segen über dir,*
*du meines Lebens Freude,*
*Gott schütze dich, erhalt dich mir,*
*schütz und erhalt uns beide!*

## Die perforierte Ehe

Ich sagte vorhin: „Zusammensein und doch nicht da sein." Wir sprechen dann von der **perforierten Ehe**. Es gibt viele Möglichkeiten, dem Partner aus dem Wege zu gehen. Eine davon ist Tagträumen, gedanklich weg sein. Das muss nicht immer als Flucht gedeutet werden, aber wenn es regelmäßig vorkommt, dann ist es vielleicht doch Flucht! Folgende Verhaltensweisen können in bestimmten Fällen und wenn sie häufig vorkommen als Flucht vor Gemein-

samkeiten gedeutet werden. Willst Du mal darauf achten?
Z.B.:

- *Lesen*
- *In die Werkstatt verschwinden*
- *Telefonieren*
- *Den Wagen pflegen*
- *Am Computer arbeiten / Internet surfen*
- *Zeit mit den Kindern verbringen* ⇐
- *Ausschuss- oder Vereinsaufgaben nachgehen*
- *Eltern besuchen*
- *Außereheliche Beziehungen pflegen*
- *Blickkontakt meiden*
- *Fernsehen /Auf der Couch einschlafen*
- *Spät nach Hause kommen*
- *Krank und müde sein*
- *Nicht berührt werden wollen*
- *Sex meiden*
- *Im Garten leben*
- *Waldlauf machen*
- *Tagträumen*
- *Nicht reden wollen*
- *Trinken*
- *Das Haus reparieren*
- *Masturbieren*
- *Kreuzworträtsel lösen*
- *Sich weigern zu heiraten*
- *Dem Hund seine Liebe geben.*

Wir sprechen nur dann von einer perforierten Ehe, wenn das
Thema von dem Partner als Fluchtweg verstanden wird.
Wenn es für euch beide in Ordnung ist, dass der Computer
einen so großen Platz einnimmt, ist ja alles in Ordnung.
Willst du im Dienste eurer Beziehung Fluchtwege schließen
und mehr für die Beziehung tun?

# Treue

Treue und Verbindlichkeit gehören selbstverständlich zusammen. Bei Untreue denke ich nicht in erster Linie an außereheliche Beziehungen. Es geht in der Partnerschaft um ein Gefühl der Zugehörigkeit, der Sicherheit, der Geborgenheit als Folge der inneren Verbindlichkeit. Und das beinhaltet Wachstum der Qualität der Beziehung durch tägliche Kleinarbeit zur Stärkung der Liebe. Damit erfüllen wir das Eheversprechen mit dir zusammen als eine Einheit in Liebe zu leben. Diesem Versprechen werden wir untreu, wenn alles andere wichtiger wird als die Qualität der Beziehung; wenn keine Zeit, keine Lust, eine perforierte Ehe unser Leben bestimmen, und das ist immer dann der Fall, wenn wir auf dem Weg der Ich-Bezogenheit unseren Einsatz für „mit dir zusammen als eine Einheit in Liebe zu leben" opfern. Auch außereheliche Beziehungen sind eine Form der Untreue, aber sie kommen im Vergleich zu der mangelnden Bereitschaft an dem Wachstum der Beziehung zu arbeiten, eher selten vor. Es erfordert dauernde Achtsamkeit, nicht durch die Poren der perforierten Ehe in die Untreue zu driften. Ehe und Partnerschaft heißt: Sich entscheiden, Türen zu Fluchtwegen schließen und alles auf diese eine Karte setzen. Die Individualpsychologie liefert die richtigen Hilfestellungen, um aus dieser „Entscheidung für ewig" einen sehr befriedigenden und sinnvollen Lebensabschnitt zu machen. Alfred Adler (Ansbacher 1972) sagt dazu: „Kooperation verlangt eine Entscheidung für ewig, (...) und es ist unmöglich, die echte innige Liebe zu besitzen, wenn wir unsere Verantwortung auf fünf Jahre beschränken oder wenn wir die Ehe als eine Probezeit betrachten. Wenn wir an einen solchen Ausweg denken, sammeln wir nicht all unsere Kräfte für die Aufgabe. Wir können nicht lieben und gleichzeitig der Liebe eine Grenze setzen."

# Die Vernetzung der Verbindlichkeiten

Innere Verbindlichkeit heißt ‚ja' sagen. Nun gibt es solche Verbindlichkeiten auf verschiedenen Ebenen. Eine solche Verbindlichkeit, die es für viele Menschen gibt, ist die Verbindung vom Individuum zu Gott. Wenn ich Gott mit einem Kreis darstelle, und ich dich als Einzelperson auch als einen Kreis darstelle, dann ist das nur um die Idee klarzumachen.

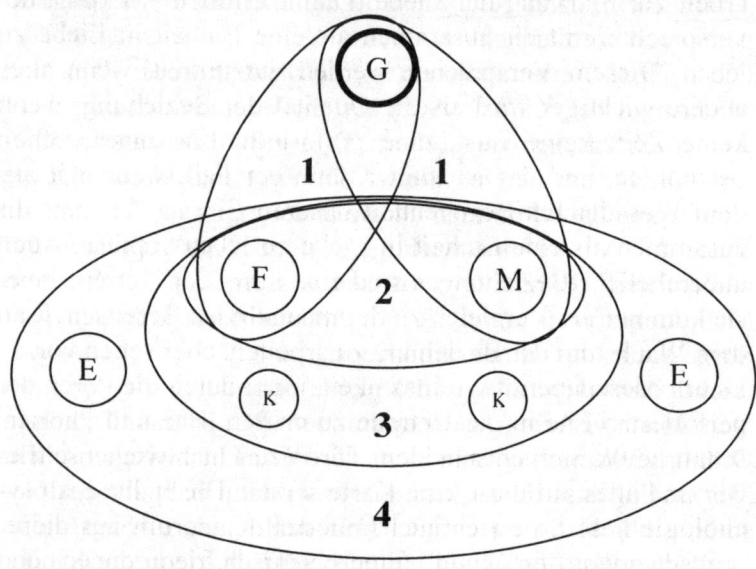

Wir haben hier in der ersten Ellipse die Verbindlichkeit vom Individuum F (Frau) oder M (Mann) zu Gott. Wenn du dazu ‚ja' sagst, dann darf auch nichts dazwischen sein (Ellipse 1). Es darf kein Mensch, keine Tätigkeit, kein ‚etwas', wichtiger werden, als diese Beziehung zu Ihm. Es dürfen keine großen Leidenschaften so wichtig werden, dass du deine Prinzipien in der Beziehung zu Gott opferst. Wenn du nun einen Partner findest, der auch an Gott glaubt, dann könnt ihr euch da treffen.

58

Du und dein Partner bilden eine neue Verbindlichkeit – die zweite Ellipse. Und auch da darf niemand dazwischen! Auch nicht die Kinder, die eventuell kommen. Und du weißt, dass sie es probieren, die Kinder. Wenn die Kinder von Anfang an durch Erfahrung lernen: „Erst kommen Papa und Mama und viel später kommen wir," dann ergeben sich klare Verhältnisse in der Erziehung. Wenn die Kinder versuchen Papa oder Mama auf ihre Seite zu ziehen und du fällst auf diesen Trick herein, dann gefährdest du die eheliche Beziehung; du gefährdest die Zärtlichkeit.

Die nächste Verbindlichkeit ist die dritte Ellipse: Papa und Mama und die Kinder. Auch da darf niemand dazwischen. Auch nicht die Schwiegereltern. Du weißt, dass sie es probieren – die Omas, die Opas. Erst kommen Papa, Mama und die Kinder und dann kommen all die anderen. Es ist für euch als Vater und Mutter eine wichtige Aufgabe, das zu klären mit euren Eltern. Eure Eltern müssen wissen: Erst kommt dein Mann/deine Frau, dann die Kinder und dann kommen wir! Sorge dafür, dass du das hinkriegst.

**Nichts dazwischen?** Was das genau bedeutet?

Dein Mann verbringt viel Zeit mit dem PC. Ist das für dich in Ordnung? Wenn ja, dann steht der PC nicht zwischen euch. Merkst du, dass du zu kurz kommst, dann habt ihr ein Gesprächsthema. So ist es auch mit den Kindern. Sagt deine Frau, du sollst den Mund halten bei Tisch, denn die Kinder von fünf, sieben, zehn und vierzehn Jahren müssen erzählen können, was sie auf der Seele haben? Wenn das für dich in Ordnung ist, dann stehen die Kinder nicht zwischen euch. Meinst du, dass das nicht in Ordnung ist, weil du zu kurz kommst, dann habt ihr ein Gesprächsthema.

Wohnt ihr in deinem Elternhaus, unter einem Dach mit deinen Eltern? Ist es dir und deinem Partner klar, auf wessen Seite du stehst? Mehr auf der Seite der Eltern? Dann habt ihr ein Gesprächsthema!

Dass die Schwiegermutter zu Besuch kommt und auf die Kinder aufpasst, damit ihr mal alleine in Urlaub fahren könnt, ist doch schön, oder? Wenn aber die Kinder nach dem Urlaub völlig neue Forderungen nach Freiheit und Haben-wollen stellen und sich dabei auf die liebe Oma berufen, dann habt ihr nicht nur eine zusätzliche Erziehungsaufgabe euren Kindern gegenüber, sondern bei der nächsten Verein-barung zum Kinderhüten auch ein Gesprächsthema mit der Schwiegermutter. Sie darf nicht zwischen euch und eure Kinder.

Ein krankes oder behindertes Kind verlangt von euch – Mann und Frau – mehr Zusammenhalt, mehr Gespräche, nicht nur über das Kind, sondern über eure Beziehung. Seid ihr euch gegenseitig noch immer einig in der gemeinsamen Aufgabe, das Kind zu pflegen? Wenn nicht, dann sprechen! Das Kind darf eure Beziehung nicht spalten.

Wenn ihr dieses Modell im Kopf habt und danach lebt, wird alles schon viel einfacher. Dann heißt Verbindlichkeit auch: Klarheit in der Beziehung! Nicht ein bisschen hier gefallen wollen, da ein bisschen inkonsequent sein, dort ein bisschen verwöhnen. Nein! Freundlich und fest die Grenzen bestim-men.

Die Verbindlichkeit, wovon ich spreche, wird nach der Ent-scheidung für diesen Partner durch die sexuelle Beziehung und durch die Zuneigung hergestellt, gefestigt und fortgetra-gen, in einer dauerhaften monogamen Beziehung. Das ist die normale Situation. Monogam heißt dann: Ich will mit dir und mit keinem anderen das Leben gestalten! Und darin spielen die Sexualität und die Zuneigung beide eine Rolle wie zwei Hände, die sich ineinander verhaken und sich festigen. Wenn du die Zuneigung rausnimmst und nur die Sexualität übrig bleibt, dann ist das eine zu schwache Grundlage für eine dauerhafte Beziehung. Die Herzen erkalten trotz anfängli-ches Feuer und die Beziehung bricht auseinander. Sexualität ohne Verbindlichkeit und Zuneigung kann man an jeder Straßenecke kaufen! Hast du nur die Zuneigung ohne die Sexualität, dann ist das bestenfalls eine gute Freundschaft, aber keine Ehe.

# Faktor 2 – Zuneigung

Zwei Freunde treffen sich nach 25 Jahren auf der Straße. Einer trägt eine Couch auf dem Rücken, der andere einen Stuhl. Der letzte fragt: „Bist du Schreiner geworden?" Sagt der andere: „Ich bin Psychoanalytiker. Ich gehe auf Hausbesuch. Und du?" „Ich bin Individualpsychologischer Berater!"

## Denken in Zuneigung

Der zweite Faktor für eine erfüllende Partnerschaft ist die Zuneigung im Denken und Fühlen. So ist die Bedingtheit. Erst das Denken, dann als Folge das Fühlen. Diese Erkenntnis öffnet Türen. Es sind die Gedanken, die die Gefühle auslösen. Denke ich gut über meinen Partner, habe ich gute Gefühle. Denke ich, dass er mir Böses will, habe ich Angst. Glaube ich, dass er sich mehr für andere interessiert als für mich, fühle ich mich eifersüchtig. Das Wort ‚denken' vereinfacht den Prozess. Im Grunde geht es um Kognition. Das Wort ist ein Sammelname für alle Prozesse, die etwas mit Wahrnehmen, Erinnern, Vorstellen, Denken, Vermuten, Erwarten, Ahnen usw. zu tun haben. Für unser Ziel spreche ich von Denken. Auf unser Denken haben wir einen direkten Zugriff, auf unsere Gefühle nur indirekt über das Denken. Das weißt du durch Erfahrung. Bist du Zuhause und denkst: „Bald steht er wieder da mit seinem Zigarettengeruch, und dann hat er, wie immer, wieder etwas zu meckern und anschließend labert er mir wieder die Ohren voll mit allem, was

61

im Geschäft passiert ist. Ich kann die Geschichten nicht mehr hören. Er fragt überhaupt nicht, wie es mir geht. ...", dann ist deine Stimmung schon verdorben, bevor er da ist. Das ist individualpsychologische Theorie praktisch erlebt. Über die Art wie du denkst, hast du Einfluss auf deine Gefühle und deine Gefühle sind die Dynamik für deine Art, dich deinem Partner gegenüber zu verhalten. Die gedanklichen Vorgänge, die in uns ablaufen, sind eine Form des Sprechens mit uns selbst. Wir nennen das Selbstgespräche. Sind diese Selbstgespräche, die sich auf den Partner oder andere Personen beziehen, positiv, dann nennen wir das Denken in Zuneigung.

---

**Von der Theorie zur Praxis**

Eine einfache Übung kann deine innere Einstellung zum Partner über diesen Weg zum Guten ändern.
Die Übung heißt: *„Denken in Zuneigung"* und wird mit zwei Stühlen durchgeführt.
🌸 Du sitzt auf einem Stuhl und stellst dir vor, da auf dem leeren Stuhl dir gegenüber sitzt dein Partner. Du entscheidest dich, das Gute an deinem Partner zu sehen. Du richtest deine Gedanken auf die guten Qualitäten und Fähigkeiten aus und denkst sie laut, bzw. sprichst sie laut aus. Das kann jeder zu Hause oder im Büro, wenn er mal für sich alleine ist, zu jeder Tageszeit für ein paar Minuten machen.

---

Hier ist ein Beispiel aus einem meiner Vorträge, wo ich zur Demonstration der Übung „Denken in Zuneigung" jemand auf die Bühne bat.
„Guten Abend, ich bin Theo. Haben Sie diese Übung schon mal gemacht?"
„Nein, noch nie gemacht."
„Wer sitzt auf dem leeren Stuhl?"

„Ich würde sagen, der Nähe nach, meine Frau."
„Wie heißt sie?"
„Walburga."
„Also da ist Walburga. Sprechen Sie doch mal mit Walburga und sagen Sie ihr im Sinne der Zuneigung, warum Sie sie mögen, was Sie an ihr lieben, was Sie gut an Walburga finden, warum Sie sie nicht verlieren wollen und wofür Sie dankbar sind, ... ! Schauen Sie mal, was Ihnen da so einfällt. Ist sie auch im Saal?"
„Ja!"
„Das kann dann ein Durchbruch werden."
Zum leeren Stuhl: *„Hallo Walburga, schön dass du da bist. Ich wollte dir immer schon gerne sagen: Ich habe dich vor 31 Jahren geheiratet und ich würde dich heute wieder heiraten. Ich mag dich, die Zeit war schön, du hast mich verwöhnt, du warst mir eine gute Frau, du hast eben das getan, was gut für uns war. Ich bin zufrieden."*
„Trage ich zu dick auf?"
„Nein, ich denke Sie meinen das so!"
„Ja ich bin überzeugt, aber es ist auf einmal so geballt ..."
Wieder zum leeren Stuhl:
*„Wir konnten immer miteinander reden, wir haben viel Zeit miteinander gehabt, wir haben uns die Zeit genommen, wir waren füreinander da. Wir haben eine schöne Vergangenheit und ich habe das Bedürfnis, das für die Zukunft so zu halten."* – Pause –
„Fällt Ihnen noch mehr ein?" – Pause – „Dann sagen Sie noch Dankeschön, dass Walburga da war."
*„Schönen Dank noch mal, dass du mitgefahren bist und dass du jetzt auf diesem leeren Stuhl sitzt, und noch eine Idee für dich: Setz du dich auch mal hierher!"*
– Applaus –
„Das war ein schöner Beitrag. Danke". Walburga, kennen Sie ihn so?"
„Ja!"

Zum Publikum: „Das kann man üben. Was glauben Sie, was mit Ihnen und Ihrer Partnerschaft passiert, wenn Sie ihre Selbstgespräche und die Dialoge, die Sie innerlich mit Ihrem Partner haben, besser kontrollieren und zur Zuneigung hin steuern würden? Sie würden die Anfangsliebe wieder erwecken. Sie würden Abschied nehmen von der Gleichgültigkeit, von der Feindseligkeit, von der Abneigung. Das nennen wir: An der Partnerschaft arbeiten! Will noch jemand dieses Denken in Zuneigung hier auf der Bühne erfahren?"
Julitta, meine Frau kommt.
Julitta zum leeren Stuhl:

*„Theo, ich habe dir sehr viel zu verdanken und ich sag dir das auch gerne. Ich finde, dass sich mein Leben durch dich sehr verändert hat. Du hast mir viel gelernt, bzw. ich habe durch dich viel gelernt und zwar durch deine Art wie du bist. Es tut mir so gut, dass du mich so annimmst wie ich bin, und dass du mir das auch nonverbal signalisierst. Du bist immer da, wenn ich dich brauche. Du gibst mir Sicherheit und Rückhalt. Ich hab wirklich den Eindruck, dass ich, seit ich mit dir verheiratet bin, von Jahr zu Jahr mehr die werde, die ich eigentlich immer sein wollte und ich sicherer, zufriedener und gelassener bin. Ja, und ich schätze an dir deinen natürlichen und gleichwertigen Umgang mit Menschen. Mir gefällt, wie du stets das Gute in den anderen siehst und ihnen einen Vorschuss an Vertrauen gibst. Ich mag deine immerwährenden neuen Ideen, die ich auch gerne mit -und weiterdenke. Ich staune über deine Leistungsfähigkeit und deine Energie, mit der du deine Aufgaben angehst; und was du alles bewältigst – bewundernswert! Ach ja, es gäbe noch viel zu sagen, ich fasse es mal zusammen, indem ich dir sage: Theo, ich liebe dich. Ich bin dankbar für dich und ich bin sehr gerne deine Frau. "*
„Danke, Julitta. Deine Worte haben mich berührt."

Eine Frau sagte mir kürzlich: „Ich hab immer das Bügeln gehasst, aber seitdem ich an der Oberseite des Bügelbrettes einen leeren Stuhl stehen habe, auf dem mein Mann in meiner Vorstellung drauf sitzt, habe ich zu wenig Wäsche." Du verstehst jetzt schon: Sobald du dich auf das Denken in Zuneigung ausrichtest, kannst du ganz verschiedene Methoden und Zugangswege finden, die alle darauf beruhen, dass du bereit bist, das Gute zu sehen. Du lernst, deine Selbstgespräche bewusst zu steuern und zu kontrollieren. Dein Denken ist die Schranke. Dahinter liegen tausend neue Möglichkeiten. So wie du denkst, wirst du dich fühlen. Und so wie du dich fühlst, neigst du dich zu verhalten.

Schon Buddha hat der Menschheit diesen Weg der liebevollen Selbstgespräche gezeigt: „... ihr sollt auch so üben: Nichts Unrechtes will ich denken, kein böses Wort soll mir entfahren, freundlich und mitleidig will ich bleiben, gütig und ohne heimlichen Hass, und diesen Menschen will ich mit gütiger Gesinnung durchdringen." Und weiter: „Zur rechten Zeit will ich reden, nicht unzeitig. Zur Sache will ich reden, nicht unsachlich. Besänftigend will ich reden, nicht verletzend. Zum Nutzen will ich reden, nicht zum Schaden. Im Geiste der Liebe will ich reden ohne heimlichen Groll." (Buddha's Reden).

Stell dir vor, du stoppst nachher das Lesen – für einen Moment nur. Du siehst deinen Partner, deine Ehe vor dir und führst ein lautes Selbstgespräch, im Sinne der Zuneigung. Zum Beispiel so:

„Ich liebe dich. Ich bin froh mit dir verheiratet zu sein. Ich bin gerne dein Mann/deine Frau. Ich schaue dich gerne an. Ich höre dir gerne zu, mag deine Stimme, und schätze deine Gedanken. Ich will verstehen, was in dir vorgeht. Zu dir hab ich Vertrauen. Mit dir kann ich über alles sprechen. Auch über Missverständnisse und Verletzungen. Ich liebe auch deinen Körper. Ich streichle dich gerne, ich halte und küsse dich gerne und kann mich gut fallen lassen. Das gemeinsame

Lachen mit dir, befreit mich von jedem Druck. Ich liebe dich und ermögliche dir ein gutes Leben. Das kann ich, denn ich habe alle Fähigkeiten dazu. Ich bin nicht perfekt, aber gut genug, um ein lieber Partner für dich zu sein. Schön, dass wir uns gefunden haben."
Das ist Denken in Zuneigung, das zu Fühlen in Zuneigung führt.

---

**Von der Theorie zur Praxis**

🌸 Willst du dir so ein eigenes Selbstgespräch komponieren? Tue es! Lerne es auswendig und spreche es jeden Tag nur für einen Zeitraum von 14 Tagen und schau, was passiert! Wundere dich!
Bau auch Gedanken ein, die im Moment noch keine Wirklichkeit sind, die du aber gerne in Zukunft verwirklicht sehen möchtest. Sprich aber immer in der Gegenwartsform und mache kurze Sätze. Kommst du nicht weiter, dann nimm dir eine Beratungssunde zum Thema Selbstgespräch und kreiere zusammen mit dem Berater die richtigen Formulierungen.

---

Das Denken in Zuneigung mag deine Probleme und Frustrationen nicht von heute auf morgen in Leichtigkeit und Harmonie verändern, aber wenn du dir die Worte zu eigen machst, werden sie dir helfen, den Geist deiner Beziehung und die Atmosphäre des Zusammenseins zum Guten zu ändern. Diese Ideen sind nicht für „irgendjemand". Sie sind für dich und sie wirken.
Alles, was du über dich – wo auch immer – erzählst, gehört auch zu den Selbstgesprächen. Du kannst im Sinne der Zuneigung und der Selbstgespräche auch etwas für deine eigene Partnerschaft tun, indem du öffentlich positiv über Partnerschaft oder Ehe sprichst. Man hört so wenig Gutes und so viele banale Witze über Ehe und Partnerschaft. Die meisten

Witze, die es über Partnerschaft gibt, sind nicht positiv. Ich habe neulich ein Buch gekauft, 300 Witze über die Ehe. Da ist kein einziger positiver oder wirklich lustiger dabei. Sie sind alle abwertend. Und wenn es so selbstverständlich ist, dass man so über Partnerschaft und Ehe denkt und spricht, dann wundert es auch nicht, dass Jugendliche in Bezug auf Ehe so unsicher sind. Wo ist das Modell, woran sie sich orientieren können? Wo sind die Erwachsenen, die über Ehe als etwas Erstrebenswertes sprechen? Da können wir doch alle beitragen, wenn wir gute Erfahrungen mit Ehe haben. Stehst du an der Bushaltestelle oder in der Betriebskantine und erzählst einem Bekannten oder Kollegen, warum es so gut ist, dass du gerade diese Frau gefunden hast, dann erfährt der Dritte, der mithört, vielleicht mal etwas Neues.

## Fehlerbezogenheit und Entmutigung

Die Entscheidung, in Zuneigung zu denken, hilft uns, von der sinnlosen Fehlerbezogenheit weg zu kommen.

Es ist so einfach, die Fehler zu sehen. Eines Abends sprach ich zum Thema Ermutigung. In der Pause kam ein Mann zu mir und sagte: „Herr Schoenaker, was ich in Ihrem Vortrag vermisst habe ...". „Ich will's nicht hören" sagte ich zu ihm, indem ich ihn unterbrach. „Erstens kann ich in einem Vortrag nicht alle Wünsche erfüllen, zweitens können Sie vielleicht noch warten, bis vielleicht nach der Pause doch noch das kommt, was Sie hören wollen. Ich will es nicht hören! Für wen soll das gut sein?"

Es ist ein typisches Muster: Du weißt, dass deine Frau es gerne hat, wenn du im Haushalt hilfst. Du deckst den Tisch. Als sie das Essen auf den Tisch stellt, sagt sie: „Jetzt hast du schon wieder den Löffel neben den Teller gelegt anstatt oberhalb." Das ist es.

Wir nennen es *Fehlerbezogenheit*. Das macht den Kindern Minderwertigkeitsgefühle, das macht Erwachsenen Minderwertigkeitsgefühle, das nimmt dem Partner sein Selbstvertrauen, das entmutigt. Das ist die Haltung, die wir in der Partnerschaft nicht brauchen. Sie ist nicht einfach abzulegen, weil wir es so gewöhnt sind, weil alle um uns herum diese Haltung vorleben. Gerade deshalb sollte es für jeden, der bewusster leben will, ein Anliegen sein, dieses Meckern und Nörgeln, Kritisieren und Fehlersuchen abzulegen. Es ist für niemand gut – nur für denjenigen der sich dann überlegen fühlt, weil er bei dir den Fehler gesehen hat; für den ist das vielleicht im Moment ein gutes Gefühl. Für die Beziehungsqualität ist es wie Gift. Wenn ihr das aus eurem Leben verbannen könnt, dann tut ihr viel Gutes für euch selbst, weil dann mehr Raum bleibt, um das Gute zu sehen. Ihr tut überdies durch euer Vorbild viel Gutes für den Frieden in der Welt; angefangen in der eigenen Ehe. Auch Gutes wirkt ansteckend. Insbesondere in der heutigen Zeit, wo die Menschen nach hilfreichen Methoden suchen.

Mit dem Denken in Zuneigung nimmst du auch den Finger von dem anderen weg. Du kennst ja vielleicht diese tiefgründige Überlegung: Wer mit dem Zeigefinger auf den anderen zeigt, zeigt mit drei Fingern auf sich selbst. Es ist gut, das so zu betrachten. Probier das mal aus! Wenn irgendwo Spannungen sind oder Unfrieden in der Partnerschaft, dann bist du immer selbst mitbeteiligt. Wir haben oft die Neigung zu sagen: „Du, wenn du ..., dann wäre alles anders ..". Aber du spielst doch darin auch eine Rolle, dass er sich so verhält.

Das Störverhalten des Partners macht ohne deinen Anteil gar keinen Sinn. Da ist draußen vor meiner Tür ein Hund, der aufgeregt bellt. Seine Nackenhaare stehen aufrecht. Das macht aus meiner Perspektive keinen Sinn. Ich gehe ein Stückchen in seine Richtung und sehe dann erst die Katze hinter der Mülltonne, die ihn anfaucht. Jetzt macht das Verhalten des Hundes einen Sinn. In der Partnerschaft ist es nicht anders. Wenn sich der andere aggressiv oder ablehnend verhält, muss da wohl eine Katze sein. Vielleicht bist du es.

Ihr habt ein Gesprächsthema mit dem Ziel, die Katze und den Hund mit ihren Gefühlen kennen zu lernen. Wenn du anfängst mehr in Zuneigung zu denken, dann findest du eine weichere, liebevollere Grundeinstellung. Dann kannst du anders zum Partner sein. Der erlebt dann mehr Freiheit und Sicherheit. Er kann sich zugehörig fühlen, weil er sich nicht mehr schützen muss. Ich gebe dir eine Aufgabe. Höre auf zu fragen, was der andere machen soll. Frage dich: Welche zwei Dinge bin ich bereit zu tun, um diese, meine Partnerschaft zu verbessern? Manche Kritikpunkte haben schon eine jahrelange Geschichte. Man kritisiert, ist aufsässig, leidet, aber ändern tut sich nichts. Gar nichts! Gar nichts? Doch – es tut sich was: Die Beziehung zwischen beiden wird kälter, die Herzen härter und die Zärtlichkeit weniger. Bis sie nichts mehr gemeinsam haben, außer der Abneigung. Sie sagt: „Ich kritisiere meinen Mann schon jahrelang darauf, dass er Bier trinkt. Ich will nicht, dass er trinkt." Nun trinkt der Mann schon sein Leben lang Bier und er wird auch weiterhin Bier trinken, aber sie kritisiert ihn. Was hat das für einen Sinn? Da kommt doch nichts dabei heraus! Doch, was dabei herauskommt, ist, dass er ihre Art sich zu kleiden kritisiert, sie dann wütend sagt: „Ich will nicht mehr mit dir schlafen", und er ihr das Haushaltsgeld kürzt. Und so geht es weiter. Das eine ruft das andere hervor und es fängt im Grunde nur dort an, dass du meinst, dass du bestimmen kannst, was der andere machen soll. Das ist doch Tyrannei. Das ist gegen die Menschenrechte. Also lass ihn trinken. Und wenn du ihn trotzdem liebst und er weiß, dass du lieber hast, dass er nicht trinkt, dann wird er vielleicht aus Liebe zu dir auch mal ein Bier zurückstellen. Das ist dann ein Fortschritt. Dafür braucht er Anerkennung. Er wird es aber nie aufgeben, solange du ihn unter Druck setzt. Das klingt in der Theorie immer leichter als es in der Praxis ist, aber trotzdem ist das die Richtung. Ist es in der Kindererziehung nicht genau so? Wird das Nägelkauen, das Bettnässen, das Zuspät-nach-Hause-kommen besser durch Schimpfen, Nörgeln, Kritisieren? Wenn sie aufhört, ihn zu kritisieren, ihn stattdessen nimmt wie er ist, können sie sich wieder näherkommen. Sie kann sich fragen: „Was kann *ich* tun" ohne sich zu überlegen, was *er* tun oder lassen soll. Es geht im Grunde immer wieder um die drei Finger, die auf einen selber zeigen.

Was meinst du zu folgender Überlegung aus der Bahá'í-Philosophie. Alles, was Gott erschaffen hat, ist gut. Alles Böse entsteht dort, wo das Gute fehlt. Das Negative ist so gesehen ein Loch im Positiven. Hass ist nicht etwas, das selbst existiert, es ist ein Loch in der Liebe. Heilen kann man das Loch, indem man sich an der Liebe orientiert und mehr Liebe entwickelt.

Angst ist das Fehlen von Mut. Man kann Angst nicht bekämpfen, denn es existiert nur als Mangel. Man kann lernen, was Mut ist und davon mehr entwickeln, dann schließt sich das Loch, das wir Angst nennen.

Willst du weiterkommen im Leben, dann orientiere dich an dem, was ist und nicht an dem, was fehlt. Gott schuf das Licht, nicht die Dunkelheit. Dunkelheit ist nur die Abwesenheit des Lichtes. So benutzen wir das Licht, wenn wir die Dunkelheit beheben wollen. Kritisieren, meckern, nörgeln, Besserwisserei orientieren sich an Mängeln und Fehlern, an Löchern.

Als ein Arzt nach meiner Operation im Krankenhaus mir gute Untersuchungsergebnisse vorlas, sagte ich zu ihm: „Sie bringen ermutigende Nachrichten." Darauf reagierte er mit: „Herr Schoenaker, ich bin nicht der Pfarrer, ich sage, wie es ist." Seine Antwort sagte, dass er nicht viel von Ermutigung weiß. Das sei eher etwas für die Seelsorge und auch nicht immer wahr. „Ich sage, wie es ist." Das ist aber genau die richtige Formulierung für einen ermutigenden Umgang miteinander. Schau nicht auf das, was fehlt, sondern auf das, was ist, und sprich das aus. Dann bist du ermutigend. Wenn das nächste Mal die Löffel deiner Ansicht nach falsch liegen, dann schaue auf den gedeckten Tisch und danke ihm dafür und frage dich, was du sonst noch tun kannst, um sein Selbstvertrauen zu stärken, anstatt mit Kritik das Selbstvertrauen zu verringern und seine Unsicherheit zu vergrößern. Das ist die Haltung der Ermutigung, die Ausdruck und Anlass der Zuneigung wird.

> Sie hatten sich heftig gestritten und viele Vorwürfe gemacht. Dann fünf Stunden geschwiegen. Im Städtchen verlöschen die Lichter. Er sagt: „Ich will nicht starrsinnig sein. Vielleicht hattest du doch Recht. Sie: „Zu spät. Ich habe meine Meinung inzwischen geändert.

## Vorwürfe

Vorwürfe sind ein Stachel an dem Gewächs der Fehlerorientiertheit. Wenn du den Frieden suchst, kannst du auf Vorwürfe verzichten. Sie frustrieren euch beide. Sie führen zu Entmutigung, Konflikten und gegenseitigen Beschuldigungen. Mit Selbstvorwürfen machst du dir Schuldgefühle. Du fühlst dich dadurch unfrei und schlecht; und Menschen, die sich schlecht fühlen, können selten gut handeln. Selbstvorwürfe führen dazu, dass du das wiederholst, was du schlecht an dir findest. Schuldgefühle – so kannst du leicht erkennen – sind keine Hilfe um besser zu werden. Vorwürfe gegen deinen Partner sind ein Trick um nicht die Verantwortung für dein eigenes Leben zu übernehmen. Wenn dein Partner Fehler macht, nicht perfekt ist, dann kannst du erkennen, dass er unvollkommen ist. Die Unvollkommenheit gehört zur menschlichen Natur. Sie verdient weder Wut und Tadel, noch Trauer. Denk lieber: „Hätte mir auch passieren können." Dass du enttäuscht bist, wenn etwas nicht so läuft, wie du es dir vorgestellt hast, ist eine natürliche Reaktion. Wenn du dann aber mit Vorwürfen und Beschuldigungen reagierst, schaffst du eine Atmosphäre des Kämpfens und des Abwertens. Wozu soll das gut sein, wenn du eine gute Beziehung suchst. Rudolf Dreikurs sagte einmal: „Einen Fehler zu machen, ist in den meisten Fällen weniger schlimm als das, was wir selbst nach dem Fehler damit machen." Wenn du also dem Partner die Schuld zuschiebst, kommst du in einen Kreislauf von Beschuldigung und Gegenbeschuldigung. Es kommen dann noch verletzte Gefühle, Groll und Abneigung hinzu. Im Kleinen kennst du dieses verheerende Spiel wohl aus eigener Erfahrung. Im Großen sehen wir es in den Kämpfen der Völker und Staaten. Die eine Regierung gibt der anderen die Schuld wegen eines Vorkommnisses und nimmt sich dadurch das Recht Raketen abzufeuern. Der Angegriffene wirft Steine oder schickt ein Selbstmordkommando. Die Raketen werden Bomben usw. Irgendwann, wenn zu viele Tote gefallen sind, erkennen sie, dass es völlig unwichtig ist, wer den Fehler machte und wer Recht hat, sondern ob sie den Frieden wollen. Dann steht die Frage: „Wie gehen wir gemeinsam weiter?" Und – so sagte Izhak Rabin 1992 nach seinen Verhandlungen mit den Palästinensern, „wenn du mit jemandem Frieden schließen willst, dann musst du ihm auch vertrauen."

Individualpsychologen glauben, dass Menschen ihr Leben so gestalten, wie sie es ihren Kindheitserfahrungen nach haben wollen. Wenn du einen notorischen Nörgler oder ‚Schuldzuschieber' geheiratet hast und immer alle Schuld auf dich nimmst, dann verdienst du dafür kein Lob und keinen Orden. Die Zeiten der Sklaverei sind offiziell vorbei. Von außen betrachtet würden andere sagen: „Es wird höchste Zeit, dass du den Nörgler los wirst." Du aber bleibst in der Beziehung. Warum? Weil es dir aus deiner Kindheit wohl vertraut ist, schuldig zu sein und zu leiden. Und du wirst so lange bei ihm bleiben, wie du glaubst, nichts Besseres wert zu sein. Erkenne deshalb: Niemand verpflichtet dich, ungerechte und unwürdige Behandlungen auf Dauer zu ertragen. Lässt du es zu, dann ist es dein Thema.

Vorwürfe werden oft benutzt um Abstand zu schaffen. Ein Mann sagte mir: „Meine Partnerin ist eigentlich ganz lieb und gut zu mir, aber ich führe sie immer dahin, dass sie wütend wird. Ich bohre und frage, will genau wissen, was sie meint, sage, sie soll sich klarer ausdrücken, nörgle und streite. Ich stelle Forderungen und kritisiere; und das schon seit sechs Jahren." Ich spreche meine Vermutung aus: „Es scheint, dass du das brauchst und dass dir das aus deiner Kindheit vertraut ist, sonst würdest du das nicht so hartnäckig durchhalten." Er: „Bei uns zu Hause wurde nicht gestritten. Bei uns wurde geschwiegen. Aber – und das erkenne ich jetzt – das Ergebnis war das Gleiche. Eine warme nahe Beziehung habe ich nie gekannt. Mit meinem Verhalten schaffe ich Abstand, wie meine Eltern mit dem Schweigen. Wenn ich mich anders verhalten würde, könnte ich die gefühlsmäßige Nähe zu meiner Partnerin nicht ertragen und ich hätte auch keinen Grund zu sagen, dass ich sie noch nicht heiraten will." Also: Willst du keine enge, intime Beziehung, dann sind Vorwürfe und Nörgeleien gute Mittel um den Abstand zu halten.

---

**Von der Theorie zur Praxis:**

➘ Achte darauf, ob und wann du deinem Partner Vorwürfe machst.

➘ Halte in den kommenden Tagen zwei Mal den Mund, wenn du Vorwürfe machen willst.

➘ Sprich mit deinem Partner über deine Erfahrung und sage ihm mit einem Augenzwinkern, dass dir ein Kompliment gut tun würde.

# Ermutigung

Denken in Zuneigung erzeugt Fühlen in Zuneigung. In diesem Prozess wirst du das Bedürfnis verspüren, die Sprache der Zuneigung zu sprechen. Du sprichst aus, was du im Sinne der Zuneigung denkst und fühlst. Das ist Ermutigung. Es gibt drei Ebenen der Ermutigung. Die **erste Ebene** der Ermutigung ist die Ebene, die wir in der Verliebtheitsphase am besten kennen und können. Dabei orientieren wir uns am Körper. Die Frage lautet: „Was findest du gut an deinem Partner auf der körperlichen Ebene? Bei jeder Aussage sprichst du den Partner mit Vornamen an.

Folgende Demonstration von Julitta und mir aus einem Vortagsabend soll es verdeutlichen:

*„Theo, mir gefallen deine Haare. Du hast so schöne, feine, silberfarbene Haare."*

*„Julitta mir gefällt deine schöne, gerade Körperhaltung."*

*„Theo, ich liebe deine Hände – deine warmen, großen Hände."*

*„Julitta, ich mag deinen flexiblen, langen Nacken."*

*„Theo, mir gefallen deine wohlgeformten Beine."*

*„Julitta, ich liebe deine kleine Brust."*

*"Theo, mir gefällt dein schelmisches Lachen."*

*„Julitta ich liebe deine Stimme - ich höre sie gerne."*

*„Und ich mag, Theo, deine jugendlichen Bewegungen."*

*„Julitta, wenn ich im Dunkeln so im Bett liege und ich stelle mir dich vor, dann sehe ich erst deine Augen und deine strahlend weißen Zähne!"*

Soweit erst mal, das ist die erste, die körperliche Ebene. Da könnten wir, wenn wir alleine sind, weiter machen.

Die **zweite Ebene** ist die Ebene der allgemeinen Fähigkeiten und Qualitäten des anderen. Es geht um Dinge, die er vielleicht schon immer hatte. Wenn Julitta sagen würde: „Theo ich finde gut, dass du musikalisch bist", dann ist das für mich nichts Neues – das hab ich schon seit meiner Geburt, aber es ist trotzdem etwas, was man in dieser Übung benennen soll. Gerade die allgemeinen Qualitäten und Fähigkeiten werden so wenig benannt, weil sie so selbstverständlich sind. Es ist immer schön, sie zu hören.

*„Theo, ich mag deinen Humor, die Art wie du aus dem Stegreif und aus heiterem Himmel ein Späßchen machst und mich damit überrascht – das gefällt mir."*

*„Julitta, ich mag deine Fähigkeit, sehr konzentriert zu arbeiten und über viele Stunden durchzuhalten. Und dass du auf der anderen Seite auch die Fähigkeit hast, die Dinge einfach mal liegen zu lassen und dich zu mir zu setzen, um mit mir gemütlich einen Tee zu trinken, oder dich mit mir zu unterhalten, als hättest du nichts zu tun."*

*„Theo, ich schätze sehr an dir, dass du für mich immer der Initiator bist für Pausen oder um etwas Gemütliches zu machen. Du holst mich im Grunde aus meiner Einstellung „ich muss fertig werden" heraus. Ich bin dir immer sehr dankbar, wenn du sagst, „Komm jetzt trinken wir mal einen Tee", oder „wir machen mal einen Spaziergang". Ich schätze sehr an dir, dass du auch für diese Seite des Lebens sorgst."*

*„Julitta, ich schätze deinen Schönheitssinn und in dem Zusammenhang auch, dass du nachdem wir geheiratet haben, hier den Stil des Hauses erst ohne Komplikationen übernommen hast und dann in deiner eigenen Art so langsam hier und da etwas verändert hast, so dass das Ganze irgendwie jünger geworden ist und deinen Schönheitsstempel trägt."*

*„Theo, ich liebe deine unverdorbene, glockenklare Singstimme!"*

*„Julitta, ich finde es schön, dass du dich so gut und auch gerne auf mich einstellst."*

Die **dritte Ebene** beantwortet die Frage: Was hast du in den letzten Minuten, Stunden oder Tagen, – höchstens zwei Tagen –, an dem Partner wahrgenommen, was du gut findest, schätzt oder liebst. Es können allgemeine Fähigkeiten sein, aber es sollen Handlungen sein: „Es war so schön, als wir heute morgen aufgewacht sind und du mich so freundlich angeschaut hast." Ja, Kleinigkeiten, die wir sonst hinnehmen, ohne sie auszusprechen.

„Was gibt es denn bei uns an Kleinigkeiten?"

*„Theo, ich fand schön, dass du heute Mittag, als ich etwas missgestimmt war, dich ans Klavier gesetzt und den Anfang von unserem Liebeslied gesungen hast. Das hat mir gut getan."*

*„Julitta, ich danke dir, dass du heute Mittag, obwohl du wenig Zeit hattest, doch noch in die Stadt gefahren bist, damit wir morgen beim Frühstück einen Apfel haben."*

*„Theo ich bin dir dankbar, dass du heute morgen, obwohl es geregnet hat, mich motiviert hast, mit dir spazieren zu gehen. Es war schön, auch mal im Regen zu spazieren."*

*„Julitta, ich hab es sehr geschätzt, dass du gestern, deine Mutter angerufen hast, um ihr zu sagen, dass sie die Einladung, die sie uns geschickt hat, so gut gestaltet hat, mit ihrem Computer, in ihrem Alter!"*

Drei Stufen:
- Der Körper
- Die allgemeinen Fähigkeiten
- Die Einzelheiten aus den letzten Tagen.

Das ist Denken in Zuneigung hörbar gemacht. Die Sprache der Zuneigung.

Nach einem Vortragsabend mit obiger Demonstration ging jemand hier weg und sagte: „In zwei Jahren sind wir 25 Jahre verheiratet und ich hoffe dass wir, mein Mann und ich, auch solche Dinge sagen können!" Mache einen Anfang, vielleicht geht es in zwei Jahren schon besser. Es ist nicht so schwer. Es ist ungewohnt, mit einer Übung bewusst gegenzusteuern. So kommst du aber aus der fehlerbezogenen Gewohnheitshaltung heraus. Das kannst du! Hab keine Angst, anzufangen. Wenn du heute noch wenig Gutes sagen kannst, heißt das ja nicht, dass du den Partner nicht liebst, sondern, dass du es noch nicht gut kannst, weil auch du es nicht gelernt hast. Ihr seid beide aber auf dem richtigen Weg, wenn du anfängst.

Wir können nur durch Tun, und Tun heißt Üben, lernen. Das merkten auch die Teilnehmer einer Gruppe von Paaren in einer Ermutigungsübung. Die Gruppe von zehn Paaren wurde aufgeteilt in zwei Gruppen zu zehn Teilnehmern. Die Paare wurden getrennt. Jeder sollte sich überlegen und aussprechen, was er gut an sich selbst findet und was er glaubt, dass der Partner gut an ihm findet.

Als wir nach etwa zwanzig Minuten wieder zusammensitzen, lautet die Frage im ZübaMo: „Was ist dir klar geworden?" oder „Was beschäftigt dich?"

Fast alle sind sehr bewegt. Sie sprechen davon: „Ich konnte schon einige Dinge sagen, die ich gut finde, aber mehr als zwei Dinge, von denen ich glaube, dass sie mein Partner gut findet, konnte ich nicht finden. Ich weiß nicht wirklich, was mein Partner gut an mir findet."

Ein anderer sagte: „Ich habe das einfach so gemacht, dass ich angenommen habe, dass die Dinge, die ich gut an mir finde, dass die meine Partnerin auch gut an mir findet, aber eigentlich weiß ich es nicht."

Wieder ein anderer meinte: „Ich habe überlegt, was meine Partnerin *nicht* gut an mir findet, und da konnte ich zwanzig bis dreißig Dinge finden, aber ich habe nicht mehr als zwei Dinge gefunden, die sie gut an mir findet. Das finde ich erschreckend, dass wir uns offensichtlich viel kritisieren, aber wenig ermutigen. Und das soll dann die Grundlage für ein liebevolles, zärtliches Zusammenleben sein?"

Sylvia will mehr Kontakt mit ihrem Mann. Deswegen kam sie zur Beratung.

*Ihr Mann kommt abends nach der Arbeit nach Hause. Er sagt, er sei gestresst und müde. Nach einem schnellen Essen sitzt er vor dem Fernseher und ist nicht mehr ansprechbar bis er ins Bett geht. Sie würde so gerne von der Zeit, die er vor dem Fernseher sitzt pro Tag eine viertel Stunde gemeinsam im Gespräch verbringen. Wenn sie ihn einmal dazu bringt, schaut er während dieser viertel Stunde mehrmals auf die Uhr, wohl um zu zeigen, dass er hofft, dass es bald vorbei ist. Im weiteren Gespräch mit dem Berater wird die Situation klarer. Sie hat das Gefühl zu kurz zu kommen und so setzt sie mit einer weinerlichen Stimme und vorwurfsvollem Blick ihren Mann mit ihrem Wunsch unter Druck, so dass er dabei ein schlechtes Gewissen hat. Er will sich nicht schlecht fühlen und deswegen versucht er diesen „Annäherungen" lieber aus dem Weg zu gehen, indem er mit dem Alibi Müdigkeit und Gestresst-sein solchen Situationen entfliehen kann. Wenn sie miteinander sprechen ist auch das Gespräch besetzt mit Forderungen. Sie erzählt ihm dann all das, was er tun sollte mit den Kindern, aber insbesondere zur Verbesserung der Partnerschaft. Sie bringt dann all das ein, was sie aus der Welt der Psychologie und der Kindererziehung, für die sie Interesse hat, kennen gelernt hat.*

*Eines Tages hat Sylvia eine neue Strategie ausprobiert. Sie stellt keine Forderungen mehr, sondern drückt die Liebe, die sie ihrem Mann gegenüber wirklich empfindet, aus, indem sie dafür sorgt, dass es ihr selbst gut geht. Sie hat neue Aktivitäten mit Freundinnen angefangen, sie stellt sich mehr auf Leichtigkeit und Fröhlichkeit ein. Wenn jetzt ihr Mann nach Hause kommt, findet er keine vorwurfsvolle, zu kurz gekommene Frau vor, sondern eine, die ihn anlächelt und ihn herzlich begrüßt. Bei Tisch erzählt sie, was sie am Tag gemacht hat und fragt kurz wie es ihm geht. Wenn er erzählen will ist es gut, wenn nicht ist es auch in Ordnung. Sie sagt ihm manchmal liebevoll: „Ich spüle jetzt, wenn du magst, kannst du ja schon mal Fernsehen schauen." Manchmal setzt sie sich zu ihm auf die Lehne seines Fernseh-Sessels und schaut ein bisschen mit. Danach geht sie wieder ihren eigenen Weg. So nimmt sie den Druck aus der Beziehung heraus. Der*

*Mann wird leichter, zeigt dann und wann auch ein Lächeln, weil es ihm gut tut, eine gut gelaunte Frau vorzufinden. Langsam entspannt sich die Atmosphäre und manchmal macht er den Fernseher aus und spricht mit ihr. Über eine längere Zeit hat sie, als sie das Garagentor hörte, sich vorbereitet und ihn mit einem Lächeln empfangen, als er reinkam. Eines Tages war sie mit irgendwelchen anderen Sachen in einem anderen Raum beschäftigt und hat nicht gehört, dass ihr Mann kam. So hört sie ihn plötzlich, wie er durch verschiedene Räume der Wohnung läuft um sie zu suchen. Als sie dann auf ihn zukommt, sagt er: „Gott sei Dank, du bist ja da. Du weißt gar nicht wie gut mir das tut, wenn du mir abends mit deinem Lächeln begegnest."*

Ich kann nicht erwarten, dass du das, was du hier liest, morgen schon machst. Aber es gibt deinem Denken eine Richtung und wenn du dann noch Hilfe brauchst, dann suche dir eine individualpsychologische Beratung. Es ist aber auch weise, den Partner nun nicht mit Ermutigung zu überschütten. Er könnte misstrauisch werden, auch wenn du es aufrichtig meinst. Stärke lieber dein Denken und Fühlen in Zuneigung. Du wirst ihn dann automatisch auch ohne Worte ermutigen. – Wie das gehen soll?

## Existentielle Ermutigung

Wir unterscheiden zwei Arten der Ermutigung. Es gibt eine Ermutigung, die wir bekommen für etwas, was wir vorhaben: „Das ist ein gut durchdachter Plan. Damit machst du den Kindern bestimmt eine Freude", für etwas, das wir gerade machen: „Ich finde es schön, dass du so eine Freude an dieser Aufgabe hast", oder für etwas, das wir getan haben: „Es war so schön, dass du gestern Abend die Initiative ergriffen hast, meine Eltern zu besuchen. Du wusstest, dass sie vielleicht nicht so gut reagieren würden und trotzdem bist du mit mir hingegangen." Das sind Beispiele von *verhaltensorientierter Ermutigung*. Sie bezieht sich auf unser Tun, auf unsere Beiträge. Sie stärkt die B-Säule des Zugehörigkeitsgefühls. Wenn wir ermutigt werden, ohne dafür etwas zu tun, dann nennen wir das *existentielle Ermutigung*. Das geht in vielen Fällen ohne Worte. Einen freundlichen Umgang, Körperkontakt, Geduld, verzeihen, einfach weil du mein Partner bist oder weil du mein Sohn bist. Solche Ermutigungen stärken die A-Säule des Zugehörigkeitsgefühls. Wir fühlen uns angenommen.

### Körperkontakt

Herr und Frau H. sitzen mir gegenüber. Sie erzählt, dass sie oft traurig ist und dass er dann auf sie einredet, sie solle doch stark sein und sie solle den heutigen Tag genießen und er liebe sie doch und Liebe, Glaube, Hoffnung, das seien doch die drei Größen, worauf man im Leben überhaupt Freude und Sicherheit aufbaue. Diese Geschichten, so sagt sie, hat sie schon tausendmal gehört in der langen Ehe. Sie sind über dreißig Jahre verheiratet. Er ist ein Helfer und kann sich nichts anderes vorstellen, als das zu tun, was er tut. Er meint, er helfe ihr damit. Er ist 70 und sie ist 60 Jahre alt. Ich erzähle den beiden die Geschichte von dem 14-jährigen Mädchen, das von der Schule nach Hause kommt.
*Nachdem die Mutter normalerweise fragt, ob sie Hausaufgaben zu erledigen hat und dadurch dann ein kleiner Streit entsteht, fragt sie diesmal nicht. Sie setzt sich mit dem Kind auf die Küchenbank. Sie trinken gemeinsam eine warme Milch. Mutter erzählt etwas über sich und irgendwann legt sie den Arm um die Schulter des Mädchens und sagt: „Ich kann so gut verstehen, dass du keine Hausaufgaben machen willst, ich wollte auch nie Hausaufgaben machen." So kom-*

*men sie ins Gespräch und nach etwa zehn Minuten sagt das*
*Mädchen: „So jetzt muss ich meine Hausaufgaben machen. "*
Ich habe ihnen auch eine Erfahrung erzählt, die ich mit Ju-
litta, meiner Frau gemacht habe.
*Ich sehe, wie sie angespannt vor dem PC sitzt. Auf meine*
*Frage, was los ist, sagt sie: „Ich komme hier nicht weiter.*
*Ich habe schon alles nur denkbare ausprobiert, aber das Bild*
*rutscht mir immer wieder weg. Ich weiß mir keinen Rat. " Da*
*ich viel weniger von Computerprogrammen verstehe als sie,*
*kann ich ihr weder helfen noch sie kritisieren oder belehren.*
*So nehme ich sie in den Arm und als wir so eine Weile stehen*
*und sie sich beruhigt hat, sagt sie: „Ich habe da noch eine*
*Idee. " Und das war die richtige.*
An der Stelle meiner Geschichte sagt Herr H.: „Sie wollen
mir wohl sagen, dass ich **gar nicht** reden soll, dass ich meine
Frau einfach lassen soll oder vielleicht sagen soll: Ich kann
dir da leider auch nicht helfen und dann vielleicht mal ihre
Hand in meine Hand nehmen?" Da ruft seine Frau plötzlich
aus: „Das habe ich dir ja schon so oft gesagt." Darauf er: „Ja
du, aber wenn Herr Schoenaker das sagt, ist das doch etwas
ganz anderes."
Sie gingen guten Mutes nach Hause, weil er, der so gerne
helfen will und darin immer wieder versagt, jetzt einen Weg
kennt, wie er helfen kann. Und sie, weil sie jetzt nicht mehr
befürchten muss, dass er sie immer belehrt.

Die Erfahrung lehrt: Je länger Menschen verheiratet sind,
desto weniger berühren sie sich. Und das ist nicht logisch,
denn ältere Menschen brauchen nicht weniger Berührung. Da
ist etwas verloren gegangen – das Denken und Fühlen in
Zuneigung. Das könnt ihr wieder üben.

81

## Der freundliche Blick

Es hat mich damals sehr nachdenklich gemacht, als meine erste Frau Antonia eines Morgens, nachdem wir aus dem Bett aufgestanden waren, zu mir sagte: „Theo, wenn du mich so anschaust, dann habe ich das Gefühl, dass ich gut genug bin." Offensichtlich habe ich das nicht allzu oft gemacht, sonst hätte sie das ja nicht bemerkt. Wir können mit unserem Blick Menschen vernichtend oder aufbauend anschauen. Den freundlichen, stärkenden Blick kann man üben. Es tut so gut, einen bejahenden Blick zu empfangen. Er ist eine Form der Zärtlichkeit, die Nähe schafft, wie auch Zärtlichkeit in Stimme und Worten.

Wenn ich in einer Beratung ein Paar bitte, sich anzuschauen, dann muss ich den Blick oft steuern. Sie schauen auf die Haare oder auf die Ohren. Wenn ich sage: „Schau ihm in die Augen und lass das Bild mal wirken; das Bild des Menschen, den du nicht verlieren willst", dann macht das die Menschen oft verlegen, und es passiert, dass wenn das verlegene Lachen vorbei ist, einer von beiden anfängt zu weinen. Wenn ich frage, was los ist, ist die Antwort fast immer dieselbe: „Ich merke jetzt, dass ich dich schon so lange nicht mehr gesehen habe. Wir rennen in Betriebsamkeit aneinander vorbei, jeder mit seinen eigenen Aufgaben. Wir kritisieren uns und schimpfen, aber ich habe dich schon so lange nicht mehr wirklich gesehen."

Wenn du mehr solche erstrebenswerte Qualitäten wie Körperkontakt und freundlicher Blick kennen lernen willst, dann schau in „Mut tut gut" Schoenaker 2000, Kapitel 4.

## Selbstermutigung
– Ich bin ich und so wie ich bin, bin ich gut genug! –

Auch du warst einst ein mutiges kleines Kind. Mutig genug um krabbelnd über den Boden den Raum zu verlassen, mutig genug um aufzustehen, nachdem du gefallen warst, mutig genug um Fehler zu machen und wieder anzufangen. Was dich auszeichnete, waren Neugierde und der Mut zur Unvollkommenheit. Du hast dir nicht die Frage gestellt: „Bin ich gut genug oder bin ich schlecht?", du hast dich nicht mit anderen verglichen, sondern höchst interessiert deine eigenen Sachen gemacht. Minderwertigkeitsgefühle? Damit wird niemand geboren. Die müssen wir dem neuen Menschenkind erst beibringen. Das können wir gut. Du kennst die Begriffe schon: Fehlerbezogenheit, Kritisieren, Druck ausüben, Schuldgefühle machen, ..., bis dem Kind das unbewusste Wissen „so wie ich bin, bin ich gut genug", verloren gegangen ist. An der Stelle kam der Glaube „ich bin nicht gut genug". Wie kommst du da wieder heraus? Durch gegenseitige Ermutigung und Selbstermutigung.

Du bist du! Du hast deine unverwechselbare Identität, die du erkennst in deiner Priorität, deinen Lebensbedingungen, deinem Lebensstil und in allen deinen Stärken. Das bist du! Du kannst noch Vieles lernen, aber an deiner Grundstruktur wird sich nicht viel ändern.

Je besser du dich kennen lernst, desto eher wirst du erkennen, dass du auch jetzt noch gut genug bist, so wie du bist. Gut genug, um in deiner Art mit deinen Möglichkeiten zum Gelingen der Lebensaufgaben beizutragen. Hast du – wie das Kleinkind – Mut zur Unvollkommenheit, dann kannst du aktiv sein. Machst du einen Fehler, dann entschuldigst du dich, und machst wieder das Beste daraus in dem Bewusstsein „ich bin ich und so wie ich bin, bin ich gut genug." Gut genug für eine kreative Partnerschaft, gut genug für eine verbindliche, dauerhafte Ehe, gut genug um mit meinem Partner in Zuneigung zu leben, gut genug, um mich mutig zu öffnen und mich verletzbar zu machen, gut genug, um aktiv zu lieben, gut genug um zu lachen und fröhlich zu sein, gut genug um meinen Partner anzuschauen und zu denken: „Ich bin ich und so wie ich bin, bin ich gut genug – und du auch!"

Das ist ein Lebensgefühl, das keine Hoffnungslosigkeit oder Resignation zulässt.

Vielleicht magst du dir folgende Gedanken von Shoghi Effendi (19251974) auch zu eigen machen:

„Eine der Grundvoraussetzungen für die Einheit der Herzen (...) ist es, dass wir dem natürlichen Hang widerstehen, unsere Aufmerksamkeit auf die Fehler und Schwächen anderer zu richten und nicht auf unsere eigenen. Jeder von uns hat nur ein einziges Leben zu verantworten und das ist sein eigenes. (...) Die Aufgabe, unser eigenes Leben und unseren eigenen Charakter zu vervollkommnen, erfordert unsere ganze Aufmerksamkeit, Willenskraft und Energie. Wenn wir unsere Aufmerksamkeit und Energie auf Bemühungen verwenden, an anderen herumzubessern und ihre Fehler zu korrigieren, vergeuden wir kostbare Zeit. Wir sind wie Pflüger, von denen jeder sein Gespann zu führen und seinen Pflug zu lenken hat. Um seine Furche gerade zu halten, muss jeder seinen Blick auf sein Ziel richten und sich auf seine eigene Aufgabe konzentrieren. Wenn er da oder dort hinschaut, um zu sehen, wie Hans und Gustav zurechtkommen, um ihre Arbeit zu kritisieren, dann wird seine eigene Furche bestimmt krumm werden."

Auch hier hörst du: Du bist du. Konzentriere dich auf dein Ziel, mache deine eigenen Sachen. Du kannst!! So wirst du das Beste aus dieser Partnerschaft machen.

Kennst du das Lied: „I did it my way"? Frank Sinatra sang es; er blickt zurück auf sein Leben und versöhnt sich damit. Mir kam folgender Text zu dieser Melodie:

*„Was kannst denn du dafür, dass du in diese Welt geboren;*
*was kannst denn du dafür, dass deine Eltern dich erzogen.*
*Sie taten zwar ihr Best, doch du trägst davon noch die Spuren.*
*Und doch, du kommst zurecht, weil sie dich liebten.*

*Was kannst denn du dafür wie andere Leute sich verhalten;*
*Du kannst wohl was dafür, dein eignes Leben zu gestalten.*
*Steck dir ein klares Ziel, von dem du glaubst, „ich kann's erreichen".*

*Dann geh, geh deinen Weg, es ist dein Leben.*

*So führe dein Gespann und ziehe deine eigne Furche.*
*Und schau nicht nach links und nicht nach rechts, mach deine Sachen,*
*und pfleg in dir deinen Schatz, das Wissen, dass du gut genug bist.*
*Dann geh, geh deinen Weg und leb dein Leben.*

Ich wünsche dir, dass du deinen Weg gehst in Verbindlichkeit, Zuneigung und Neugierde auf deinen Partner, dass du dir auch mal Fehler erlaubst und nicht so streng mit dir bist. Dann ist „besser werden" unvermeidlich.

## Das Verzeihen

Sie kennen sich seit einem Jahr. Er sagte: „Ich komme um vier." Jetzt ist es fünf. Keine Spur von ihm. Nun ist das ja nicht so schlimm, kann ja mal vorkommen. Es ist aber immer so! Er verspricht und kommt dann später. Sie ist wütend, fühlt sich unwichtig gemacht, vernachlässigt, abgewertet. Sie flucht und ergänzt: „Was erlaubt der sich immer! Das lasse ich nicht mit mir machen! Das kann er mit einer anderen machen. Nicht so mit mir! Er kommt. Halb sechs. Sie ist wie eine Furie – auch wie immer; er voller Entschuldigungen und mit einem schlechten Gewissen, aber noch dynamisch. Er versucht sie aufzumuntern mit Aussicht auf einen schönen Spaziergang, Essen und einem gemütlichen Abend; bringt Humor und ein Lachen. Sie fühlt sich minderwertig (gemacht) und bäumt sich auf. Er soll sich „unten" fühlen. Dazu macht sie ihm weiter Vorwürfe, zeigt sich unnahbar, sagt nur das Notwendigste, zieht ihre Hand zurück, wenn er vorsichtig den Kontakt sucht. Er wird schon stiller, kleiner. Sie wird größer, fühlt sich als Siegerin. Er wiederholt seine erklärenden Entschuldigungen. Sie hat noch ein paar Vorwürfe in petto. Der Abend ist verdorben. Und wie weiter?
Wut ist Denken in Abneigung. Sie blockiert den Fluss der Liebe. Wut macht dich unfähig, zärtlich zu sein. Sieh die

Realität und bedenke: „Der tut nicht nur so, der ist auch so."
Du kennst ihn seit einem Jahr und sagst: „Das war immer
schon so." Mit deinem Ärger hast du ihn nicht zur Veränderung seines Verhaltens bringen können. Erwarte also nicht,
dass er viel ändern wird. Die Holländer sagen: „Man kann
von einem Frosch keine Federn pflücken." Ziehe deine Kon-
sequenzen!
Willst du ihn trotzdem nicht verlieren, hast du die Wahl zwischen Kampf und Verzeihen. In dem Kampf, den du bis jetzt
führst, hast du die Befriedigung, Anklägerin und Richterin zu
sein. Du kippst die Wippe um. Erst war er oben und du unwichtig, abgewertet unten. Mit deiner Rache durch Unnah-
barkeit und Vorwürfe bist du oben. Von dort aus kannst du
ihn weiterhin schlecht machen. Auf Kosten der Zärtlichkeit,
der Nähe, des Sich-fallen-lassen-könnens, des Wir-Gefühls
und des inneren Friedens. Willst du verzeihen, dann helfen
dir folgende Gedanken.
Verzeihen mit seiner Vorsilbe ‚ver' bedeutet weg mit der
Anklage. ‚Ver' bedeutet vorbei, weg. ‚Zeihen' bedeutet be-
schuldigen, anklagen. Der Duden spricht bei Verzeihen auch
von ‚den Anspruch aufgeben'. Diese Klärung des Wortes ist
hilfreich. Will es uns doch sagen „willst du verzeihen, dann
hör auf mit der Anklage und gib den Anspruch auf, dass du
bestimmen kannst, wie der andere sich zu verhalten hat.
Verzeihen ist immer dann nötig, wenn die Liebe zwischen
Menschen nicht mehr fließt. Wir merken es an dem Brett in
unserem Bauch, an dem Kloß im Hals. Wir merken es an
dem inneren Groll und Hader, an der Wut, mit der wir leben.
Die Liebe ist blockiert durch unerfüllte Erwartungen. Wir
denken „ich hatte mir das ganz anders vorgestellt".
*„Albert und Gertraud sitzen gemeinsam an einem Samstag
Nachmittag in ihrer gemütlichen Wohnung. Sie schreibt einen Brief, er liest die Zeitung. Er legt die Zeitung weg und
sagt „Gertraud, ich hol noch mal Zigaretten". Sie sagt: „Ja,
das ist in Ordnung". Er geht weg und sie denkt, der Weg zu*

der Gaststätte, in der er die Zigaretten holt, dauert etwa fünf bis sieben Minuten, der Weg zurück noch mal fünf bis sieben Minuten. Er wird dort ein bisschen sprechen wollen, also noch mal fünf Minuten, also in fünfundzwanzig bis dreißig Minuten wird er wieder hier sein. Sie schreibt ihren Brief zu Ende und entscheidet sich, schon mal den Tee vorzubereiten, den sie auf sein Lieblingsstövchen stellt. Sie freut sich schon über die gemeinsame Teestunde nachher, wenn er wieder da ist, in etwa jetzt noch fünfzehn Minuten. Als die halbe Stunde fast vorbei ist, merkt sie, wie sie anfängt, unruhig zu werden und in Selbstgespräche hineinkommt, die ungefähr so lauten: „Jetzt kommt er bald nach Hause und dann werden wir noch eine gemütliche Stunde haben". Pause.

Die ersten Zweifel kommen auf. „Er hätte doch eigentlich schon hier sein können. Mit der Idee, dass er eine halbe Stunde wegbleibt, habe ich ihm ja schon einen Spielraum gegeben. Vielleicht ist er ja dort hängen geblieben. Das kenne ich ja schon von ihm. Wenn da auch nur einer seiner Kumpels ist, dann kommt er nicht mehr weg. Dann muss er unbedingt mit ihm einen heben. Na ja, wie bekannt ist mir das. Im Grunde interessiert er sich gar nicht für mich, immer sind ihm die anderen wichtiger als ich. Er denkt auch überhaupt nicht darüber nach, was mit mir ist, er weiß doch, dass ich hier zu Hause bin und auf ihn warte. Im Grunde war das von Anfang an schon so, sogar am Hochzeitstag kam er zu spät. Immer die anderen zuerst und dann komme ich. Ich sehe dich da schon stehen an der Theke, wie du dich mit anderen vergnügt unterhältst, und ich sitze hier alleine. Mann, ich hasse dich dafür."

In dem Moment wird ihr bewusst, was sie da mit sich selbst macht. Und da sie eher die Liebe sucht als den Unfrieden und weiß, wie sie ihre Selbstgespräche ändern kann, stoppt sie, setzt sich auf einen Stuhl und nimmt einen leeren Stuhl, den sie vor sich stellt. Darauf „setzt" sie ihren Mann Albert und sagt: „Du Albert, ich habe gerade gesagt, ich hasse *dich, aber so schlimm ist das nun auch wieder nicht, ich habe mich im Moment völlig vernachlässigt gefühlt, unwichtig gemacht und abgelehnt, aber das habe ich ja nur in meinem Kopf gemacht, schließlich hatten wir ja nichts vereinbart. Du weißt ja gar nicht, dass ich hier auf dich warte mit dem Tee. Das war nur meine Idee und du bist ja auch kein schlechter oder böser Mann. Du bist im Grunde immer gut zu mir. Nur, ich hätte dich gerne hier gehabt. Ich erkenne aber, dass ich diese aufkommende Wut im Grunde selbst gemacht habe und ich will sie nicht mehr haben, ich will dich wieder lieben, wie vor einer halben Stunde. Wenn du kommst, werde ich mich freuen, aber wenn du noch einen Moment da bleiben willst und es tut dir gut, dann gönne ich es dir auch. Ich selbst bin ja auch nicht so, dass ich alle deine Erwartungen erfülle. Insbesondere dann nicht, wenn ich sie gar nicht kenne, wie du jetzt meine nicht kennst. "*

Wir erkennen hier, dass Verzeihen etwas zu tun hat mit Erwartungen fallen lassen. Erwartungen, die wir selbst aufgebaut haben. Die Frage ist, ob wir das wirklich wollen. Wollen wir den Druck, den wir durch unsere Erwartungshaltung auf den Partner ausüben, aufgeben? Manche sagen: „Ich will ihm schon verzeihen, aber ich kann nicht", und wissen – mehr oder weniger deutlich – dass das nicht wahr ist. Wir können, wenn wir wollen. Wir wollen aber die Macht und den Einfluss nicht aufgeben. Oder wir wollen durch Ärger, durch Leiden, durch Wutausbrüche klarmachen wie schlecht der andere ist. Wir könnten ihn aus der Schuld entlassen, wenn wir unsere Erwartungen fallen lassen, ihn annehmen so wie er ist und das Vergangene ruhen lassen.

Verzeihen und Erwartungen fallen lassen heißt auch: „Mach's nicht so wichtig". Man kann alles zu einem hohen Wert erheben, so hoch, dass der andere überhaupt keine Chancen hat. Hochgesteckte Werte sind gut, wenn sie getragen werden von Demut und Toleranz, sonst werden sie Mittel zur Tyrannei und blockieren wieder den Fluss der Liebe.

Sauberkeit ist gut, aber man kann den Wert der Sauberkeit so hoch setzen, dass der Atem, die Hände und Füße des Partners nie sauber genug sein können. Pünktlichkeit ist gut, aber wenn der Mann erwartet, dass die Frau jeden Abend um viertel nach sechs das Essen auf dem Tisch hat und wütend wird, wenn es ein paar Minuten später wird, dann ist das Tyrannei. Ähnlich ist es mit Ordnung und Treue und anderen Werten. Wenn wir uns vergegenwärtigen, dass andere Menschen, das vielleicht ganz anders sehen und dass unsere Beurteilung die Quelle des Unfriedens ist, dann können wir leichter loslassen und wieder in Zuneigung denken. Mach's nicht so wichtig!

Sicher, sexuelle Treue ist ein wichtiger Wert, aber was meinst du zu der folgenden Geschichte? Er trifft auf einem Kongress eine Frau, sie verstehen sich gut und sie haben eine Affäre. Sie schlafen miteinander und zu Hause erfährt seine Frau davon. Sie ist furchtbar wütend und schlägt ihn. Sie will ab dem Moment nicht mehr in dem gemeinsamen Ehebett schlafen. So schläft sie vor dem Bett auf dem Boden. Nicht auf einer Matratze, sondern auf dem Fußboden. Morgens wacht sie mit Rückenschmerzen auf und diese werden im Laufe der Zeit immer schlimmer. Schon vier Jahre dauert der Zustand. Sie geht regelmäßig zum Orthopäden. Sie lässt ihren Mann deutlich spüren, dass er schuld daran ist, dass es ihr so schlecht geht. Sie lässt kein gutes Haar mehr an ihm übrig, sie kritisiert ihn auch in der Öffentlichkeit und er ist inzwischen tief davon durchdrungen dass er ein schlechter Mensch ist und dass nur er schuld ist an dem Unfrieden und an ihrer Krankheit. Wenn es Meinungsverschiedenheiten zwischen den beiden gibt, greift sie zu irgendeinem Gegenstand, das kann auch ein Messer oder eine Schere sein und schlägt und verletzt ihn damit. Sie, so sagt sie, kann ihm das nie verzeihen. Sie steht damit irgendwie höher als Gott, der ja bekanntlich Sünden verzeiht. Es geht hier nicht mehr um den Wert der Treue, sondern um Rache und Herrschen. Was ist wichtiger, herrschen und gewinnen, oder die Liebe? Wollen wir den anderen aus seiner Schuld entlassen? Wir haben es in der Hand, den anderen frei zu machen. Erkennst du den psychologischen Trick? Wenn jemand uns weh tut, uns verletzt und wir nur ein bisschen verärgert sind, dann ist das, was er getan hat auch nicht all zu schlimm. Sind wir aber sehr verärgert, Monate oder Jahre lang wütend und werden auch noch krank, dann ist der andere furchtbar schlecht und das, was er getan hat, war eine große Sünde. Mach's nicht so wichtig, dann ist der andere auch nicht so schlecht. Verkleinere lieber die Fehler des anderen.

Wenn wir dem anderen verzeihen, wenn wir ihn aus der Schuld entlassen, dann entlässt uns das nicht aus der Notwendigkeit des gemeinsamen Gesprächs, der Beratung und der Klärung. Aber diese können erst zustande kommen wenn der Weg dafür frei ist durch Verzeihen. Solange du noch Wut und Anklage aufrecht erhältst, hat auch die beste Beratung keine Chance. Diejenigen, die an Gott glauben, können zusätzlich beten und Gott um Verzeihung der eigenen Fehler bitten; dann nicht mehr zurückschauen, Vertrauen investieren und vorwärts. (Siehe auch Schoenaker, Th.: *Leben beginnt mit Loslassen*).

Zusammenfassend noch einmal das Wichtigste.
Willst du verzeihen, dann:
- ➢ höre auf, anzuklagen und Richter zu spielen
- ➢ mach, was passiert ist, nicht so wichtig
- ➢ verstehe deinen eigenen Beitrag zum Konflikt
- ➢ verstehe, dass du genau so hättest handeln können
- ➢ schenke dem anderen Vertrauen
- ➢ vergiss die Vergangenheit, lebe mit Plänen
- ➢ sage nicht mit Worten „ich verzeihe dir", solange du nicht ausdrücklich gefragt wirst.

90

# Über die Liebe

Nachdem nun die Überlegungen über Verbindlichkeit und Zuneigung verstanden sind, ist die Frage nach der Liebe wohl beantwortet, denn das ist Liebe: Verbindlichkeit und Denken, Fühlen und Handeln in Zuneigung. Denken und Fühlen in Zuneigung sind die Bausteine zum Handeln in Zuneigung. In so einer Beziehung fühlst du dich sicher, zugehörig und geliebt. Ich fragte Frauen und Männer: „Wann hast du dich wirklich geliebt gefühlt?" Nachdem sie mir die Situation geschildert hatten, fragte ich: „Woran konntest du erkennen, dass der andere dich liebte?" – Die Antworten kamen prompt und waren eindeutig. – „...daran, dass er:

- mir seine volle Aufmerksamkeit schenkte
- sich wirklich interessierte
- mich annahm, wie ich bin
- mir nichts Schlechtes unterstellte
- mich mit einem freundlichen Blick anschaute
- mir in seiner Stimme Wärme und Zuneigung zeigte
- früher als sonst von der Arbeit nach Hause kam
- einen liebevollen Körperkontakt pflegte
- mir verziehen hat
- sich zurück genommen hat
- mich an seinem Leben teilhaben ließ
- mir anteilnehmend zuhörte."

Signale der Liebe sind Verhaltensweisen. Worte haben keine Bedeutung. Das Gefühl der Liebe drängt danach, sich in Taten zu verwirklichen. „Ich liebe dich" kann in einem Klima der Gleichgültigkeit eine Beleidigung sein. Die Liebe äußert ihre Wirklichkeit in Taten. Gutsein zueinander drückt mehr Liebe aus als Worte der Liebe ohne Taten. Wenn du also wissen willst, ob du deinen Partner liebst, musst du schauen, wie du dich verhältst.

Es gibt nach individualpsychologischem Verständnis zwei psychologische Grundgefühle: Angst und Liebe (Wexberg 1926). Alfred Adler spricht von sozial trennenden und sozial verbindenden Gefühlen. Alle positiven Gefühle wie Freude, Zuneigung, Heiterkeit, Mitleid sind sozial verbindende Gefühle und finden ihre Wurzel in der Liebe. Alle negativen Gefühle wie Hass, Eifersucht, Wut, Ärger, Aggression, Furcht sind sozial trennende Gefühle und finden ihre Wurzel in der Angst. Sozial verbindende Gefühle sind eher auf das Wohl des anderen gerichtet, sozial trennende Gefühle sind eher ich-bezogen und sind mit den Minderwertigkeitsgefühlen verbunden. Obwohl wir bei Liebe über ein Gefühl sprechen, wird Liebe doch erst durch das Verhalten sichtbar. In dieser Hinsicht kann uns niemand etwas vormachen. Schau dir zwei Menschen an. Sieh, wie sie miteinander umgehen und du wirst wissen, ob sie sich lieben. Du erkennst es an der gegenseitigen Bejahung, Unterstützung, Zusammenarbeit, Freundlichkeit, Ermutigung, Humor und Sachlichkeit. Kurz an der guten Beziehungsqualität.

## Die erwachsene Liebe

Die Liebe, die auf den Partner gerichtet ist, ist die erwachsene Liebe. Sie ist uns nicht angeboren und doch ist ihre Entwicklung so notwendig für die Partnerschaft wie das Atmen für unser Leben. Liebe kann man lernen und kultivieren. Sie hilft uns, mehr aus der Ehe zu machen als alles, was wir uns am Anfang der Beziehung vorstellen konnten. Es geht in diesem Prozess der gelebten Liebe nicht mehr darum, ob wir den richtigen Partner gefunden haben, sondern darum, ob wir selbst ein richtiger Partner werden wollen; ein Partner, der fähig ist zu lieben. Wer nicht fähig ist, ein liebender Partner zu sein, dem nützt es nichts, aus der Beziehung auszusteigen und einen anderen Partner zu suchen. Ebenso wenig wie es dir etwas nützt, ein neues Klavier zu kaufen, wenn du nicht

Klavier spielen kannst. Auf dem Weg des Übens und Lernens gibt es genug Krisen, Probleme und Konflikte um daran zu leiden, zu verzweifeln oder zu wachsen in Weisheit und Liebe.

Die Beschäftigung mit dem Thema Liebe ist wie die Beschäftigung mit einem Idealmodell. Sie kann zu Entmutigung und Schuldgefühlen führen, weil man dieses Idealmodell zwar anstreben, aber nicht dauerhaft leben kann. Lieben lernen ist wie Laufen lernen. Es dauert nur länger, ein Leben lang, und es geht in diesem Lernprozess nicht darum, dass wir oft versagen, sondern darum, dass wir dann und wann erfolgreich sind. Wenn wir auf diesem Weg ein kleines Stückchen weiterkommen, einmal ganz bewusst einen Schritt in die richtige Richtung gemacht haben, dann ist das ein Grund, uns selbst und in manchen Fällen auch dem Partner zu gratulieren. Idealmodelle sind nicht dazu da, um uns Schuldgefühle zu machen, sondern um unsere Anstrengungen zu unterstützen und Richtung zu geben.

Es gibt einen Gedanken aus der Bahá'í-Religion[3], der so lautet: „Liebe Mich, damit Ich dich liebe. Wenn du Mich nicht liebst, kann Meine Liebe dich niemals erreichen." Dieser Gedanke drückt aus, dass Gottes Liebe immer da ist, aber wenn wir uns davor verschließen, kommen wir nicht in die wachstums- und entwicklungsfördernde Kraft der Liebe. In der Partnerschaft ist es nicht anders. Wenn wir uns verschließen, wenn wir mauern, berauben wir uns selbst der Möglichkeit, die Liebe des Partners zu empfangen. Und dieser kann sich anstrengen wie er will, aber er kann dich nicht erreichen.

Mit aktiv gelebter Liebe meine ich also nicht Verliebtheit, auch nicht die kindliche Liebe des Haben-wollens, auch nicht das gute Gefühl, wenn wir geliebt werden, nicht sexuelle Gefühle, auch nicht die Liebe, womit wir jemanden verwöhnen. Die Liebe geht mit vielen von diesen Merkmalen einher, aber die erwachsene Liebe ist mehr. Ich werde nachstehend

93

einige Lichtstrahlen dieser Liebe besprechen. Alfred Adler sagt, dass das Gemeinschaftsgefühl, die erwachsene Liebe, den Menschen als Veranlagung bei der Geburt mitgegeben ist. Das ist ermutigend, denn es sagt uns, dass es in unserer Natur liegt zu lieben. Die Forderung, Liebesfähigkeit zu entwickeln, stülpt uns also nicht etwas Wesensfremdes über, sondern die Bausteine der Liebe sind die Schlüssel zu unserer Identität und unserem Lebenssinn.

Es ist unsere Ichbezogenheit, die es uns schwer macht, erwachsen zu lieben und sie bringt uns auch kurzfristige Befriedigung. Deswegen entscheiden wir uns oft gegen die erwachsene Liebe. Genau aus diesem Grunde ist es nötig, den Verstand einzusetzen und Selbstdisziplin zu üben und nicht nur auf den Wellen dessen, was unsere Gefühle uns eingeben zu schwimmen, wenn wir Fortschritte in der Liebe machen wollen.

Erich Fromm's berühmtes Buch heißt „Die Kunst des Liebens". Lieben ist eine Kunst. Wenn man als Künstler erfolgreich sein will, muss man üben. Und man kann dann erfolgreich sein, wenn man die nötige Veranlagung hat. Nun, veranlagt zu lieben sind wir. Es kommt also auf das Üben an. Ob unser Leben reich ist an Liebe, liegt hauptsächlich an uns selbst, obwohl der andere dabei helfen oder im Wege stehen kann. Liebe ist übrigens genauso ansteckend wie Ich-Bezogenheit oder Gleichgültigkeit. Wollt ihr euch beide für das Wachstum der Liebe entscheiden?

Die erwachsene Liebe ist auf den Partner gerichtet. Kannst du dir vorstellen, dass du dich entscheidest, deinem Partner ein gutes Leben zu ermöglichen? Manch einer befürchtet bei dieser Vorstellung, dass er dann selbst zu kurz kommt. Und damit sind wir schon weg von der erwachsenen Liebe und angekommen in der kindlichen Haltung des Haben-wollens und des Aufrechnens. Die erwachsene Liebe verlässt diese kindliche Haltung und wächst aus der Ich-Bezogenheit heraus. So leben wir nicht für uns selbst, sondern für und mit dem anderen und treten in seine Welt ein. In welchen Formen, Verhaltensweisen, Haltungen manifestiert sich nun die erwachsene Liebe? In Verbindlichkeit, so wie ich sie beschrieben habe und in den vielen Aspekten der Zuneigung in Denken, Fühlen und Handeln manifestiert sie sich. Und auch in dem dritten Faktor, die Bereitschaft sich kennen zu lernen. Bevor ich dazu komme, noch ein paar Gedanken, die mir zu diesem Thema sehr am Herzen liegen. Ich wollte dir klarmachen, dass das Thema Liebe nicht nur gut aufgehoben ist bei den Heiligen, den Philosophen und den Dichtern, sondern dass sie für jeden von uns lebbar ist. Wenn wir den Partner lieben, sehen wir ihn so wie er wirklich ist. Wir sehen ihn nicht unter dem Blickwinkel unserer eigenen Bedürfnisse, Wünsche, Erwartungen und Ziele. Wir werden ihn dadurch nicht einengen, dominieren, benutzen, verletzen oder manipulieren, sondern ihm die Freiheit lassen sich selbst zu sein. Alles, was ich über das Zugehörigkeitsgefühl, insbesondere über die A-Säule geschrieben habe, gehört in diesen Bereich hinein. Wenn wir den Partner respektieren wie er ist in seinem Anderssein, leben wir die Gleichwertigkeit.

Die Menschen lieben lernen, so wie sie sind, ist ein lebenslängliches Übungsfeld, aber Liebe, die gebunden ist an gutes Verhalten, sagt im Grunde aus: „Ich liebe gutes Verhalten, nicht dich als Person". Wenn wir Menschen so akzeptieren wie sie sind (A-Säule), dann heißt das nicht, dass wir wie eine Fußmatte über uns laufen lassen. Wir können selbstbewusst nein sagen und Grenzen setzen, wenn es um unredliche Forderungen oder nicht akzeptable Verhaltensweisen geht, ohne dem Menschen unsere Liebe (A-Säule) zu entziehen. Wir lieben ihn, wie er heute ist und geben Raum und Zeit zum Wachsen in seinem eigenen Tempo. Hierzu eine beeindruckende Erfahrung:

95

*Es begann schon vor der Geburt. Ich wollte das Kind nicht. Meine damalige Lebenssituation war der Grund dafür. Ich hatte bereits ein Kind, weswegen ich heiratete, und meine Ehe war sehr unglücklich. Kurz nach der Geburt des ersten Kindes wurde ich wieder schwanger, und ich habe mich die ganzen neun Monate der Schwangerschaft gegen dieses zweite Kind, Rainer, gewehrt. Wir hatten eine Gaststätte, in der ich selbst viel mitarbeiten musste, und so hatte ich absolut keine Zeit für ein zweites Kind. Es war mir im Wege. Das erste Kind hatte ich tagsüber in der Küche der Gaststätte, aber wohin mit dem zweiten? Rainer war im Gegensatz zu dem ersten Kind sehr schwierig vom ersten Tag an. Er schrie Tag und Nacht, sein Bruder hingegen hatte immer geschlafen und schrie fast nie. Ich stellte das Kinderbettchen in ein Zimmer im ersten Stock und ging alle vier Stunden hinauf, um ihn zu füttern und die Windeln zu wechseln. Ich hatte nie Zeit, ihn im Arm zu halten oder mich mit ihm zu beschäftigen. Er verbrachte die ersten Monate seines Lebens ganz alleine in diesem abgelegenen Zimmer. In der Nacht ließ ich ihn schreien, denn ich dachte, das wäre die beste Methode, ihm das Schreien abzugewöhnen. Heute weiß ich, dass sein Schreien ein einziger Hilferuf war, weil er so alleine und verlassen leben musste und sich nicht zugehörig oder angenommen fühlen konnte. Nach einigen Monaten gab ich ihn zu einer Pflegefamilie. Nach kurzer Zeit brachte ihn die Pflegemutter wieder zurück, weil sie mit ihm nicht klar kam, er schrie immer nur. Dann nahm ich ein Kindermädchen, das es aber nicht lange mit dem Kind aushielt. Mit knapp vier Jahren gab ich ihn den ganzen Tag in den Kindergarten. Und abends wieder dasselbe: Alleine in einem dunklen Zimmer. Ich hatte ja in der Gaststätte zu arbeiten. Im Kindergarten fiel er dann auch bald unangenehm auf: Widerspenstig, ungehorsam, nicht spielen können, immer stören. Dann begann er mit dem Stehlen, und damit begann erst richtig sein Leidensweg. Ich bekam Angst, dass er kriminell wird. Ich fing an, ihn zu bestrafen, drohte ihm immer wieder, ihn ganz wegzugeben in ein Heim. In meiner Hilflosigkeit schimpfte und schlug ich ihn. Ich war völlig entmutigt und machte mir die schlimmsten Vorstellungen, was einmal aus diesem Kind werden sollte. Ständig verglich ich ihn mit seinem älteren Bruder, der brav und lieb war. Rainer reagierte mit Auflehnung und Widerstand gegen jede Autorität. Die Strafen wurden immer mehr. Liebesentzug, Entmutigung und dann wieder Belohnung, wenn er etwas gut machte, was aber selten vorkam. Er war immer der Bösewicht, auch bei den anderen Familienmitgliedern. Meine größte Entmutigung war meine Angst vor den anderen Leuten, wenn sie merkten, dass Rainer log und stahl, und meine Angst vor der Zukunft.*

*Als er dann in die Schule kam, wieder das gleiche. Kein Lehrer kam mit ihm zurecht. Ständig musste ich zu den Lehrern kommen und mir die Beschwerden über den ungezogenen Rainer anhören. Dies alles aber bestätigte in mir den Glauben, dass es an dem Kind lag. Niemals suchte ich bei mir selbst nach dem Fehler. Ich glaubte tatsächlich: Er ist als schwieriges Kind geboren worden, und ich kann tun, was ich will, er kann sich ja gar nicht ändern. Rainer geriet dann in schlechte Gesellschaft. Er fühlte sich nur noch wohl bei Kindern und Menschen, bei denen er sich wenigstens verstanden und zugehörig fühlen konnte. Es gab da eine Parallele zu meiner eigenen Kindheit. Meine Mutter verbot mir den Umgang mit Kindern aus den unteren Gesellschaftsschichten, aber ich fühlte mich bei diesen Menschen am wohlsten und verstanden.*

*Je älter Rainer wurde, desto mehr zeigte sein Verhalten kriminellen Charakter, und als er 20 Jahre alt war, kam es dann zu Gerichtsverhandlungen wegen Betrug, Diebstahl, Fälschungen usw., und er sollte eingesperrt werden. Er hatte mir all die Jahre fast nichts mehr erzählt und war auch schon von zu Hause ausgezogen, da ich ihn nicht mehr zu Hause wollte. Er kam vom Gericht direkt zu mir, und ich war vollkommen schockiert und dachte instinktiv: „Ich habe ja gewusst, dass er einmal im Gefängnis endet." Der Schock muss aber so groß gewesen sein, dass sich bei mir ganz plötzlich eine innere Erkenntnis einstellte, und ich wusste schlagartig, dass ich alles falsch gemacht habe. Ich nahm ihn in den Arm und sagte: „Ich liebe dich, so wie du bist, und alles, was jetzt kommt, hat nichts zu tun mit meiner Liebe zu dir."*

*Wir waren beide fassungslos über den plötzlichen Wandel meines Verhaltens. Von da an machte ich ihm nie mehr Vorwürfe, ich überprüfte ihn nicht mehr, ich verlangte keine Beweise mehr und ließ meine Erwartungen fallen. Ich gab ihm immer wieder zu verstehen, dass ich ihn liebe und annehme, so wie er ist.*

*Warum Rainer so schwierig war, wurde mir erst jetzt sehr schmerzlich klar: Ich hatte ihn nicht angenommen, und er konnte sich nie zugehörig fühlen ... schon nicht, als er noch in meinem Bauch wuchs.*

*Er hat es heute nach über 10 Jahren – er ist jetzt 33 – alleine geschafft, wieder ein einigermaßen normales Leben zu führen. Und ich weiß jetzt, dass alles, was er dazu brauchte, war, von mir angenommen zu werden.*

### Die Selbstliebe

Wir hören immer wieder, dass man sich selbst lieben muss um andere lieben zu können. Vielleicht war Moses' Aussage, die von Christus wieder aufgenommen wurde „Liebe deinen Nächsten wie du dich selbst liebst" so gemeint. Vielleicht ist die atomische Affinität, wodurch alle Dinge auf der Welt ihre Form haben und behalten können eine Art von Selbstliebe. Auch Menschen brauchen diese Selbstliebe um gut zu anderen sein zu können. Alles was du tust, um das Selbstwertgefühl des Partners zu stärken, vergrößert dessen Liebesfähigkeit. Beide können daran arbeiten, sich gegenseitig durch Ermutigung aufzubauen, dann blüht die Liebe. Und wieder stoßen wir auf den verheerenden Einfluss von kritisieren, meckern, nörgeln, belehren, besser wissen, schimpfen usw. Alles, was man tun kann, um diese Äußerungen und die damit einhergehenden inneren Dialoge zu reduzieren, ist ein Beitrag zum Wachstum der Liebe.

Menschen neigen dazu, das zu werden, was wir ihnen sagen, dass sie sind. Schau dir mal folgenden Cartoon (Peyer/Perrez 1978) an.

„Labeling approach"

Das, was darin so dramatisch klar wird, gilt nicht nur für die Kindererziehung. Wenn sie immer nörgelt: „Du liebst mich nicht", dann bekommt sie das auch. Und wenn er immer schimpft: „Du bist faul und frigide", dann findet er schließlich seine Frau genau passend auf diese Beschreibung. Kinder lernen nicht von Menschen, die sie nicht mögen und auch wir Erwachsene entwickeln uns für Menschen, die an uns glauben, die uns vertrauen, die uns lieben. Durch Zuneigung und Ermutigung stützen wir diese Entwicklung. Jeder von uns kann zu jeder Zeit anfangen.

Es ist eine traurige Tatsache, dass die Liebe stirbt in einem Klima von dauernder Gleichgültigkeit, Kritik und Ablehnung. Für jeden von uns gibt es eine Grenze, wo wir Schmerzen nicht mehr ertragen können. Dann sagt tief in uns etwas „Es ist genug..., nicht mehr." Männer reagieren nach meiner Erfahrung oft zu langsam. In einer Beratungsstunde sitzen sie beide da, die Frau eher kalt und der Mann in Tränen aufgelöst. Er ist bereit, alles zur Verbesserung der Beziehung zu tun und sie sagt: „Ich habe dir das schon zehn Jahre versucht klarzumachen und du wolltest es nie hören. Du wolltest dich nicht damit beschäftigen." Sie ist in der Gleichgültigkeit angekommen. Erhaben über Liebe und Hass und sagt: „Ich kann nicht mehr und ich will auch nicht mehr."

---

**Von der Theorie zur Praxis**

Bist du neugierig zu wissen, was dein Partner als Signal der Liebe empfindet?

✎ Dann bitte ihn, einige Signale aufzuschreiben und mache das selbst auch. Danach tauscht ihr die Notizen aus und sprecht darüber. Am besten nehmt ihr folgende Fragen als Grundlage: „In welchen Situationen hast du dich von mir wirklich geliebt gefühlt? Was habe ich da getan, was für dich ein Signal der Liebe war?"

Einigt euch vorerst auf fünf Situationen. Bei einer weiteren Gelegenheit könnt ihr ja noch einmal fünf andere Situationen suchen.

---

Du siehst, du kannst etwas tun. Es sind kleine Schritte, aber sie helfen euch, aus dem Trott der Durchschnittlichkeit heraus zu wachsen. Euch stehen schöne Zeiten bevor.

Drei Geistliche diskutieren über den Anfang des Lebens. Der katholische Priester ist der Meinung, dass es bei der Befruchtung anfängt. Der evangelische Pfarrer glaubt, dass es bei der Geburt anfängt. Der Rabbi meint, dass das Leben anfängt, wenn die Kinder groß sind, das Haus verlassen haben und der Hund gestorben ist.

# Faktor 3 – Das Kennen lernen

Das Sich-kennenlernen-wollen ist ein Aspekt der Liebe. Es steht wie eine dauernde Forderung vor uns. Ohne diese Bereitschaft, hat eine Partnerschaft keinen Bestand. Die Entfremdung tritt schleichend an die Stelle der Zuneigung.

Wenn du glaubst, dass du deinen Partner nach fünf oder fünfundzwanzig Jahren Ehe kennst, dann hast du die größere Erkenntnis noch vor dir. Es ist schon schwierig genug, sich selbst einigermaßen kennen zu lernen. So wie du, schaut auch dein Partner aus seinem eigenen Innenleben mit seinen eigenen bewussten und nichtbewussten Kindheitserfahrungen auf das Leben. Er sieht, hört und erkennt die Menschen anders als du. Seine Wünsche sind andere als deine. Sein Glücklichsein hat andere Anlässe als deines. Er hat Angst, wo du noch Vertrauen hast, er lacht, wo du dich verletzt fühlst. Er braucht nicht, was dir wichtig ist. Kurz, jeder hat seinen eigenen Lebensstil. Den zu erkennen, ist schon für Fachleute schwierig genug. Und auch dann, wenn wir glauben ihn zu kennen, müssen wir bekennen, dass doch jeder ein Geheimnis Gottes ist.

Wenn wir in enger Verbundenheit mit einem Menschen leben, lernen wir ihn durch seine Art sich zu verhalten, einigermaßen kennen. Und doch wundern wir uns, wie anders er sich in einer Ehekrise verhält. Wie anders er ist, wenn du ernsthaft krank bist. Und du würdest dich wundern, wenn du ihn beobachten könntest in der 3-wöchigen Kur, wo er sich verliebt hat. Konntest du schon mal beobachten, wie Menschen sich verändern, nachdem der Partner gestorben ist? Manche entwickeln völlig neue Fähigkeiten und gestalten ihr Leben in einer Art, wie wir es nie für möglich gehalten hätten. Hat er sich wirklich geändert? Ja, im Verhalten, nicht in seinem Wesen. In seinem Wesen, seinen Veranlagungen war er immer schon so. Es fehlten ihm die Impulse, die Anlässe, sie zu zeigen oder zu entwickeln. So gehen viele, etwas angepasst, etwas amputiert, etwas unselbständig, etwas unerkannt mit dem Partner durch's Leben und warten im Grunde darauf, entdeckt, entziffert, erkannt zu werden. Das Gespräch ist der Schlüssel dazu. Habt ihr, wie Wilma und Norbert, aufgehört, neugierig aufeinander zu sein, offen zueinander zu sein, zuzuhören, Zeit zu haben und den anderen in eure sehr private Welt einzuladen und zu empfangen?

Menschen sind ihrem Wesen nach soziale Wesen. Sie brauchen andere Menschen um sich zu entwickeln. Das Gespräch ist eine der Bedingungen dazu. Ihr müsst miteinander sprechen! Über alles, was euch bewegt. Das ZübaMo (siehe Teil V) ist das richtige Fahrzeug dazu. Ihr müsst miteinander sprechen!! Ich gebe euch eine Reihe von nützlichen, in ihrer Effektivität erprobten Übungen. Sucht euch zur Unterstützung die Hilfe eines Individualpsychologischen Beraters.

Vielleicht müsst ihr das, was ihr in der Verliebtheitsphase so gut konntet, – miteinander sprechen – wieder neu beleben durch Neugierde, durch Interesse füreinander. Tue es, bevor jemand anderer es tut. Wo nicht gesprochen wird, kann nichts Neues mehr entstehen. Wo nicht zugehört wird, auch nicht. Nicht selten hören wir: „...das sage ich dir schon seit zwölf Jahren. Du wolltest es nicht hören. Nun will ich nicht mehr."

Ihr könnt einander besser kennen lernen, wenn ihr eine Atmosphäre schafft, wo ihr euch ungefährdet fühlt. Dann könnt ihr euch entspannen, öffnen, über eure Gefühle, Träume,

102

Probleme, Geheimnisse, Wünsche und Visionen sprechen. So ein Gespräch in Zuneigung trägt dich in die Welt des anderen hinein, wo du seine Gedanken mitdenken, seine Gefühle mitfühlen und seine Bedürfnisse kennen lernen kannst. Manch einer bekommt an dieser Stelle ein Gefühl von Wehmut. „Ich würde ja so gerne, aber mein Partner will nicht mit mir sprechen." Frage dich, was du dazu beiträgst. Oft sind es die Frauen, die dies sagen. Oft sind es auch die Frauen, die besser reden können. Oft sind es auch die Frauen, die sich über die Themen des menschlichen Zusammenlebens, über Psychologie und Erziehung besser orientiert haben als die Männer. Aber nichts wirkt sich verheerender auf das Gespräch aus als Überlegenheit, Besserwisserei und Kritik. Manchmal, wenn jemand mir erzählt: „Mein Partner will nicht mit mir reden", sage ich: „Ich würde auch nicht mit dir reden wollen, wenn du es immer besser weißt."

Das Gespräch ist nicht nur dazu da sich besser kennen zu lernen, sondern auch um Spannungen, Missverständnisse, Konflikte zu lösen, die Zusammenarbeit zu regeln und im richtigen Moment den Mund zu halten. Konflikte und Spannungen sind dort, wo wir die Entwicklung des Einzelnen und die Entwicklung als Paar anstreben, unvermeidlich. Wenn wir aber täglich im Gespräch bleiben, werden Verletzungen nicht älter als vierundzwanzig Stunden. Dann gibt es keine Staus, denn „was lange gärt, wird endlich Wut."

Nun gibt es bei allen guten Ratschlägen, mehr miteinander zu sprechen, ein Problem; wir können es nicht. Wir können nicht miteinander sprechen.

# Wir können nicht miteinander sprechen

Im Jahr 1973 (Mace 1982) wurde in den USA das Ergebnis einer Untersuchung über Gründe der Ehekrisen und Scheidungen veröffentlicht. Das Ergebnis überrascht. Es sieht so aus:

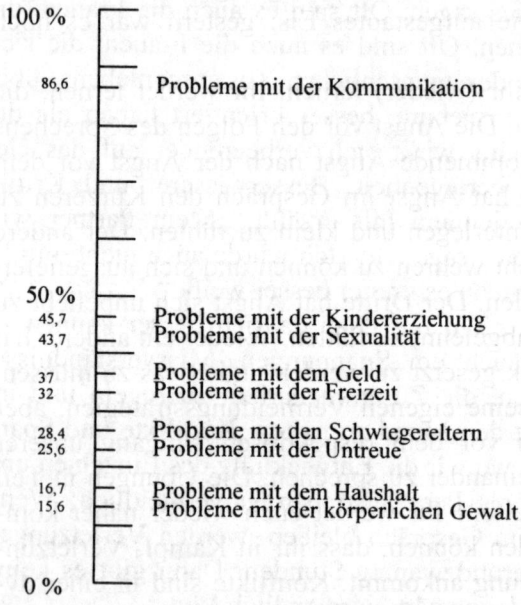

Aus dieser Tabelle wird klar, dass etwa 9 von 10 kriselnden Ehen Probleme haben, die sie in etwa so ausdrücken:
„Wir können nicht miteinander sprechen."
„Ich kann ihn nicht erreichen."
„Sie versteht mich nicht."
Das bedeutet nun nicht, dass sie nicht miteinander sprechen; es bedeutet, dass wenn sie miteinander sprechen, kein gutes Gefühl zurückbleibt. Sie können nicht sprechen über Themen, die dem einen oder beiden wirklich wichtig sind.

104

Schließlich finden Gespräche über wichtige bzw. persönliche Themen nicht mehr statt. Es ist als würde man den Stecker aus der Steckdose ziehen. Der Stromkreis ist unterbrochen; der Kontakt abgerissen. Es wird stiller zwischen den beiden. Die Liebe geht mit den vertrauensvollen Gesprächen verloren. Wir werden kreativ im Ausweichen. Udo Jürgens singt in einem seiner Lieder: „All die ungesagten Worte, liegen zwischen euch wie aufgestautes Eis; gestern war es noch Liebe!" Sprechen werdet ihr (wieder) lernen. Ihr werdet lernen, die Angst zu verlieren. Die Angst vor den Folgen des Sprechens ist die meist vorkommende Angst nach der Angst vor dem Sterben. Der eine hat Angst im Gespräch den Kürzeren zu ziehen und sich unterlegen und klein zu fühlen. Der andere hat Angst sich nicht wehren zu können und sich ausgeliefert und hilflos zu fühlen. Der Dritte hat Angst sich unbeliebt zu machen und sich abgelehnt zu fühlen. Wieder ein anderer hat Angst, unter Druck gesetzt zu werden und etwas zu müssen. Jeder entwickelt seine eigenen Vermeidungsstrategien, aber alle fürchten sich vor dem respektlosen Umgang unserer üblichen Art, miteinander zu sprechen. Die Übungen in Teil V werden euch helfen! Ihr werdet euch wieder näher kommen oder vermeiden können, dass ihr in Kampf, Verletzungen und Entfremdung ankommt. Konflikte sind in einer dynamischen Beziehung normal. Sie sind aufgewärmte Meinungsverschiedenheiten und sie kommen dort vor, wo zwei Menschen sich nicht gleichgültig sind. Die Übungen helfen euch, einen respektvollen Umgang miteinander, trotz Konflikte, zu pflegen. Wenn die Partnerschaft nicht der Ort eines respektvollen, liebevollen, ermutigenden Umgangs ist, wo man geschützt ist, vor Abwertung, Einsamkeit, Sinnlosigkeit, wo man ohne Angst, ohne Geheimnisse und ohne Versteckspiele leben kann, wo dann wird das Leben lebenswert sein?

# Hast du ein Geheimnis?

Merkst du, dass Geheimnisse dir und eurer Beziehung nicht gut tun? Den inneren Frieden bekommst du für den Preis der Offenheit und des aktiven Handelns. Das Geheimnis ist eine Blockade. Es verletzt deine Selbstachtung und hindert dich daran, dich frei zu fühlen und spontan und kreativ zu handeln. Geheimnisse in der Partnerschaft gehen auf Kosten der Leichtigkeit, der Nähe und des Humors. Geheimnisse sind eine Art Lügen und obwohl wir Lügen im allgemeinen ablehnen, halten wir Geheimnisse für notwendig oder harmlos. Und doch behalten wir etwas für uns, weil wir glauben, dass es ‚gemein' oder ‚schrecklich' ist und leben so mit dem Glauben, selbst nicht ganz in Ordnung, im Reinen zu sein. Genau das blockiert den Fluss der Liebe. Wir hüten unser Geheimnis auch weil wir glauben, es sei für den Partner besser so. Es würde ihn zu sehr verletzen, oder er könne es nicht ertragen. Damit sind wir in einer ungleichwertigen Beziehung. Wir machen – übertrieben gesagt – den Partner zum Krüppel und geben nicht zu, dass wir in Wirklichkeit versuchen unsere eigene Haut zu retten. Wir machen es uns zu leicht mit „Was der andere nicht weiß, nacht ihn nicht heiß". Denn wir übersehen, dass wir uns mit unseren Geheimnissen selbst am meisten schaden.

Persönliche Geheimnisse – Dinge, von denen du möchtest, dass der Partner sie nicht weiß – sind mit Scham oder Schuldgefühlen besetzt. Die Erfahrung lehrt, dass sofort ein Gefühl der Erleichterung eintritt, wenn man darüber spricht. Wenn das Geheimnis vom Partner gut aufgenommen wird, fühlst du dich befreit und fähig, dein Leben frei von dem Druck der Schuldgefühle und Scham zu leben. Es ist als ob eine große Last von dir genommen wird. Die Zeit, die Energie und die Konzentration, die du bis dahin eingesetzt hast, dein Geheimnis zu hüten und dein mühsames Versteckspiel zu spielen, stehen für unbekümmertes, entspanntes Zusammensein und kreative Arbeit zur Verfügung. Das Leben wird leichter und du bist gesünder, wenn du wieder unbekümmert sprechen und dich zeigen kannst, wie du wirklich bist.

Von allen Geheimnissen, die zum ‚Wohle des Partners' gehütet werden, kommt wahrscheinlich Untreue am meisten vor. Wenn mir jemand über seine außereheliche Beziehung erzählt, frage ich: „Weiß Ihr Ehepartner davon?" Die Antwort ist meistens „nein" und wird ergänzt mit „er könnte es nicht ertragen" oder „es würde sie zu sehr verletzen." Wenn ich danach auch mit dem anderen Partner spreche, stellt sich oft heraus, dass dieser selbst auch nicht treu ist und sich freuen würde, wenn er entdecken würde, dass der vermeintlich treue Partner einen Seitensprung begeht oder begangen hätte. Dann könnten beide als gleichwertige ‚sündige' Menschen darüber sprechen, neu anfangen und frei von Schuldgefühlen weiterleben. Keiner will aber als erster sein Geheimnis preisgeben.

Mit der Geheimhaltung wollen wir aber nicht den Ehepartner schützen, sondern uns selbst. Wir wollen nicht als ‚schlecht' dastehen oder wir wollen die Affäre nicht beenden und auch den eigenen Partner nicht verlieren. Durch das Versteckspiel vermeiden wir zwar die Konfrontation, aber das Verhältnis zueinander ist gestört; nicht mehr offen und ehrlich. Der Prozess der Entfremdung setzt ein. Die Liebe geht verloren.

Was könnte passieren, wenn du ehrlich wärst?

- Dein Partner akzeptiert die Tatsache. Das tun die meisten Ehepartner. Denn liebenswert wird man, wenn man sich verletzbar macht. Wer keine Fehler zeigt, den kann man nur bewundern, aber nicht lieben. Und bedenke, „die Heiligen sind im Himmel gut aufgehoben, aber hier auf Erden können sie uns das Leben zur Hölle machen".

- Dein Partner trennt sich von dir. Du könntest dann neu anfangen mit einem Partner, der dich annimmt, so wie du bist.

- Dein Partner stellt dich vor die Wahl: Mich oder den anderen. Fällt dir die Entscheidung so schwer, dass du dich nicht entscheiden willst, dann heißt das wohl, dass du deinen Partner nicht mehr liebst. Dann bist du auch bei der zweiten Möglichkeit angekommen.

In diesen Überlegungen erkennst du auch die Nachteile der Ehrlichkeit. Ich kann aber nach mehr als 30-jähriger Therapie- und Beratungsarbeit behaupten, dass langfristig die Vorteile überwiegen. Mit diesem Buch und der begleitenden individualpsychologischen Beratung habt ihr einen befreienden Weg vor euch.

Gibt es Schwierigkeiten mit dem Thema Vertrauen von Seiten des verletzten Partners, dann bleibt dir nur der Weg der konsequent durchgehaltenen Offenheit und Ehrlichkeit. Dann wächst auch wieder das Vertrauen zwischen euch.

---

**Von der Theorie zur Praxis**

Ob du nun ein großes oder ein kleines, ein altes oder ein junges Geheimnis hütest, mach doch mal Folgendes:

✎ Schreibe alle die Gedanken auf, für die du dich am meisten schämst. Wenn du fertig bist, setzt du dich entspannt hin und stellst dir vor, dein Partner hätte dir diese Dinge erzählt. Was würdest du sagen? Sprich laut!

✎ Wenn du Erfahrung hast im Umgang mit dem leeren Stuhl, kannst du es auch so machen: Du nimmst zwei Stühle. Auf dem einen sitzt du, auf dem anderen – dem leeren Stuhl dir gegenüber – sitzt in deiner Vorstellung dein Partner. Erzähle jetzt ausführlich über dein Geheimnis. Merkst du, dass es dir sogar vor einem leeren Stuhl schwer fällt? Das ist gut! Weiter machen! Wiederholen! Morgen oder nächste Woche. Du hast angefangen. Der Prozess der Befreiung hat begonnen. Das „Ich bin ich und so wie ich bin, bin ich gut genug" wächst.

> ● Du kannst das Thema „Geheimnisse-lüften" wichtiger machen als bis jetzt, indem du dir vornimmst, in deiner Ehe nicht mehr mit Geheimnissen zu leben. Betrachte dann alle zurückgehaltenen Gedanken als Geheimnis und sprich oder schreib sobald wie möglich darüber.

Berdine schreibt zum Thema Geheimnis Folgendes:
*Lieber Walter,*
*ich fühle mich verletzt, wenn du so zu mir sprichst als wäre ich ein kleines dummes Mädchen. Wenn das passiert, so wie gestern Abend als du mir besserwisserisch erklärtest, wie ich die Tasche in die Hose nähen sollte, dann erstarre ich und schweige. Du denkst dann wohl, dass alles in Ordnung ist, aber ich bin verletzt. Schließlich habe ich ja Nähunterricht genommen und nicht du. Ich finde dich dann arrogant und unausstehlich, will aber den Frieden nicht zerstören und sage nichts. Ich will aber nicht mehr mit Geheimnissen leben, auch nicht mit solchen! Mein Geheimnis, das, was ich vor dir verborgen halte, ist: Ich werte dich ab, schimpfe innerlich mit dir und gehe dir aus dem Wege. Ich spreche weniger um dir keine Angriffsfläche zu zeigen. Du bist zum Feind, zur Gefahr für mich geworden. Und doch, ich liebe dich. Ich liebe auch deine Selbstsicherheit. Ich weiß auch, dass du es nicht böse meinst. Ich will dich auch nicht ändern, ich will selbst lernen, keine solchen Geheimnisse mehr zu haben. Ich will früher und offener derartige Verletzungen ansprechen. Dann brauche ich dich nicht mehr – in meinen Selbstgesprächen – abzuwerten und dir aus dem Wege zu gehen. Ich kann mit dem Abstand und der Kälte, die dann entsteht nicht leben.*

# Das ZübaMo

Eine Übung, die allmählich gut Eingang findet, ist das sog. ZübaMo. Das ist das **Züntersbacher Modell**. So kann man es in der Literatur finden. „Machen wir mal ein ZübaMo", heißt es immer öfter, wo Menschen zusammen sind – als Paar, als Ausschuss, Vorstand, Schulklasse oder als große Gruppe. Es stehen immer zwei Fragen im Raum:

1. Frage: *„Was beschäftigt dich?"*
2. Frage: *„Was ist dir klar geworden?"*

Die Spielregel ist, und das macht das ZübaMo aus, es gibt keine Fragen, keine Antworten, keine Dialoge, keinerlei Reaktionen. Kritik und Besserwissen haben keinen Platz. Alles was gesagt wird, bleibt stehen und so lassen wir es auch gelten.

In der Partnerschaft setzt sich das Paar zusammen. Jeder konzentriert sich auf sich und einer fängt an zu sprechen. Wenn ich das jetzt wäre, würde das so lauten:

„Ich bin noch ein bisschen unkonzentriert, da sind so viele Gedanken in meinem Kopf, ich spüre Spannungen in den Schultern – ich habe mich offensichtlich verkrampft. Es war schön heute mit dir, insbesondere heute Abend auf der Bühne, als wir uns ermutigt haben. Das hat mir sehr gut getan. Ah, und ich freue mich heute Abend ins Bett zu gehen und eine lange Nacht zu haben. Wo das gerade so sage, wird mir klar, dass es wichtig für mich ist, dass ich genügend Schlaf habe. Ich bin dann belastbar, geduldig und kreativ. Und so mag ich mich. Bis soweit erst mal."

Ja, so in der Art kann das dann weitergehen. Alles, was dir so einfällt. Etwa zwei Minuten oder weniger. Dann heißt es: „Bis soweit erst mal." Dann fängt der andere an zu reden und geht einfach seinen eigenen Gedanken nach. Er reagiert nicht auf den Beitrag des Partners. Wenn er dazu etwas sagen will, hält er es zurück bis später, d.h. er stellt keinen Dialog her. Und nach höchstens zwei Minuten sagt er: „Bis soweit erst

110

mal" Dann spricht der andere wieder. Wenn ihr in dieser Art zehn bis fünfzehn Minuten zusammen wart, dann wisst ihr, wo der andere steht. Das ist sehr bereichernd. Da muss nichts dabei heraus kommen! Es müssen keine Probleme gelöst werden! Nur sprechen und sich mitteilen! Einfach so! Das ist ein ZübaMo! Zum Kennen lernen!

## Die Prioritäten

Es gibt vier Prioritäten[4]. Sie beschreiben eine Persönlichkeitstheorie, die für unser Thema „Kennenlernen" hilfreich ist. Was für ein Mensch bin ich? Was für ein Mensch ist mein Partner? Alle Menschen sind anders. Es gibt aber auch Gemeinsamkeiten. Der eine strebt nach Überlegenheit. Er will etwas Besonderes oder der Erste sein; und das hat er mit vielen Menschen gemeinsam. Wir sprechen dann von der Priorität Überlegenheit. Der andere will in erster Linie Sicherheit; kontrollierbare Verhältnisse; und das hat er mit vielen Menschen gemeinsam. Wir sprechen dann von der Priorität Kontrolle. Ein anderer will in erster Linie gute, freundliche Beziehungen; er will von anderen angenommen sein; das hat er mit vielen anderen Menschen gemeinsam. Wir sprechen von der Priorität Gefallenwollen. Ein anderer wiederum macht sich nicht viel aus Überlegenheit, Kontrolle und Gefallenwollen, denn er will in erster Linie ein stressfreies gemütliches Leben; und das hat er mit vielen Menschen gemeinsam. Wir sprechen dann von der Priorität Bequemlichkeit.

In welche Gruppe würdest du dich nun so auf den ersten Blick einordnen? Ich gebe dir zu jeder Priorität noch etwas mehr Information.

Der Mensch mit der Priorität **Überlegenheit** ist aktiv, entwickelt gerne neue Ideen, kann andere Menschen begeistern, ist dynamisch, er weiß, was er will, er kann führen, er hat hohe

111

Ideale und kann sich für diese Ideale opfern, d.h. die Ideale sind ihm mehr wert als seine Bequemlichkeit.

Der Mensch mit der Priorität **Kontrolle** hat eine praktische Veranlagung, ein gutes Gefühl für Zeit und Ordnung, er ist zuverlässig, kann Verantwortung tragen, er ist strebsam, kann durchhalten, er ist produktiv, und er ist ein Selbststarter, d.h. er braucht wenig Antrieb von außen. Zur Absicherung seiner Lebensbereiche macht er gerne Regeln, Vorschriften oder Gesetze.

Der Mensch mit der Priorität **Gefallenwollen** sucht die Harmonie, will gerne Erwartungen erfüllen, freundlich und tolerant sein. Er ist flexibel und kontaktfähig. Er will Frieden stiften, kann gut zuhören und will anderen helfen.

Der Mensch mit der Priorität **Bequemlichkeit** hat es gerne gemütlich, er ist friedliebend, ist gelassen und ruhig im Umgang mit anderen Menschen, er kann genießen, er ist leicht mit sich selbst zufrieden, er ist diplomatisch und kann gut zuhören.

Es ist zu bedenken, dass diese Qualitäten dann zum Ausdruck kommen, wenn der Mensch genug Selbstvertrauen und Mut hat, d.h. wenn er sich in der Partnerschaft zugehörig fühlt. In Zeiten, wo er sich nicht zugehörig fühlt und an seinem ‚Platz' zweifelt, erkennt man eher die negativen Seiten seiner Priorität.

## Bei geringerem Selbstvertrauen:

Der Mensch mit der Priorität **Überlegenheit** hat dann die Neigung sich selbst groß darzustellen, indem er andere abwertet. Er weckt Schuldgefühle in dem Partner. Er denkt und spricht in Kategorien von oben und unten, mehr und weniger, gut und schlecht usw. Er ist dann lieber schlecht als durchschnittlich. Er wirkt dominant.

Der Mensch mit der Priorität **Kontrolle** hat dann die Neigung, den anderen Vorschriften zu machen und ihn somit zu kontrollieren. Er selbst zeigt keine Gefühle, er verliert an

Spontaneität, schafft Abstand und blockiert die Annäherungsversuche des Partners. Er ist dann nicht offen für klärende Gespräche. Er zieht sich zurück. Er mauert.

Der Mensch mit der Priorität **Gefallenwollen** sucht dann ständig die Bestätigung, dass er geliebt wird. Er hat wenig Selbstrespekt und erwartet auch vom Partner keine respektvolle Behandlung. Er versucht mit allen Mitteln zu gefallen, stellt aber indirekt hohe Anforderungen an den Partner. Er weckt Mitleid.

Der Mensch mit der Priorität **Bequemlichkeit** will dann in Ruhe gelassen werden. Er ist auf der Flucht. Er drückt sich vor Verantwortung, lässt sich gerne bedienen, sucht kurzfristige Befriedigungen und blockiert Veränderungsmöglichkeiten, die ja immer mit Anstrengung verbunden sind.

Kannst du jetzt die Fragen: „Was für ein Mensch bin ich?" und „was für ein Mensch ist mein Partner?" schon etwas besser beantworten? Es lohnt sich über diese lebensnahe Theorie etwas mehr zu lesen (siehe Schoenaker 2000 a; Schoenaker 2000 b).

**Ich bin ich:**

Für das Verständnis deiner selbst und des Partners ist nun Folgendes wichtig: Die Prioritäten bilden die Grundlage des menschlichen Lebensstils. Wie du weißt, ist der Lebensstil die Gesamtheit der Meinungen, die wir aus den Einflüssen seit unserer Kindheit gebildet haben. Wenn wir nun von der Priorität Überlegenheit sprechen und dabei die obigen Verhaltensweisen im Auge haben, dann heißt das: „Der tut nicht nur so, der ist auch so." Oder anders gesagt: Man wird in allen Lebensäußerungen das Streben nach Überlegenheit erkennen können. Er kann nicht aus seiner Haut. Das braucht er auch nicht, denn jeder Mensch kann Mut und Selbstvertrauen aufbauen und gemeinsam kann ein Paar ein solides Zugehörigkeitsgefühl entwickeln. Dann stehen ja die positiven Seiten im Vordergrund. Die negativen Seiten der Priori-

113

tät stören immer weniger. Man kann diese dann sogar mit etwas Humor liebenswert finden.

Jeder von uns könnte über seine Priorität folgende Erklärung abgeben:

Meine Priorität ist **Überlegenheit**. Ich habe sie mir in der Kindheit gebildet. Ich habe dadurch wunderbare Möglichkeiten, zu einer erfolgreichen, kreativen und glücklichen Partnerschaft beizutragen. Das Streben nach Überlegenheit ist mein Normalzustand. Wenn ich mich in der Partnerschaft wichtig und bedeutungsvoll fühlen kann, kann ich das Beste aus mir und unserer Partnerschaft machen. Wenn ich mich aber minderwertig, bedeutungslos und klein fühle, kann ich nicht in meiner Art lieben und Gutes zum Gelingen unserer Partnerschaft beitragen. Willst du mir helfen, dass ich meine Priorität konstruktiv leben kann? Dann werden meine negativen Neigungen dich und unsere Partnerschaft nicht oder nur selten belasten. Du wirst dich mit mir freuen können.

Meine Priorität ist **Kontrolle**. Ich habe sie mir in der Kindheit gebildet. Ich habe dadurch wunderbare Möglichkeiten, zu einer erfolgreichen, kreativen und glücklichen Partnerschaft beizutragen. Das Streben nach kontrollierbaren Verhältnissen und Sicherheit ist mein Normalzustand. Wenn ich mich in der Partnerschaft sicher fühlen kann, dann kann ich das Beste aus mir und unserer Partnerschaft machen. Wenn ich mich aber unsicher oder hilflos fühle und nicht weiß, wo es lang geht oder mich bedroht fühle, dann kann ich nicht in meiner Art lieben und Gutes zum Gelingen unserer Partnerschaft beitragen. Willst du mir helfen, dass ich meine Priorität konstruktiv leben kann? Dann werden meine negativen Neigungen dich und unsere Partnerschaft nicht oder nur selten belasten. Du wirst dich mit mir freuen können.

Meine Priorität ist **Gefallenwollen**. Ich habe sie mir in der Kindheit gebildet. Ich habe dadurch wunderbare Möglichkeiten, zu einer erfolgreichen, kreativen und glücklichen Partnerschaft beizutragen. Der Wunsch, dir und anderen zu gefallen, ist mein Normalzustand. Wenn ich mich in unserer Partnerschaft geliebt und angenommen fühle, wenn ich weiß, dass du mich magst und du mir das dann und wann auch sagst, dann kann ich das Beste aus mir und unserer Partnerschaft machen. Wenn ich mich aber abgelehnt und ungeliebt fühle, dann kann ich nicht in meiner Art lieben und Gutes zum Gelingen unserer Partnerschaft beitragen. Willst du mir helfen, dass ich meine Priorität konstruktiv leben kann? Dann werden meine negativen Neigungen dich und unsere Partnerschaft nicht oder nur selten belasten. Du wirst dich mit mir freuen können.

Meine Priorität ist **Bequemlichkeit**. Ich habe sie mir in der Kindheit gebildet. Ich habe dadurch wunderbare Möglichkeiten, zu einer erfolgreichen, kreativen und glücklichen Partnerschaft beizutragen. Das Streben nach Bequemlichkeit, Gemütlichkeit und Ruhe ist mein Normalzustand. Wenn ich mich in unserer Partnerschaft mit meiner Art angenommen und nicht unter Druck gesetzt fühle, dann kann ich das Beste aus mir und unserer Partnerschaft machen. Wenn aber Stress, Druck und Unruhe hineinkommt, dann kann ich nicht in meiner Art lieben und Gutes zum Gelingen unserer Partnerschaft beitragen. Willst du mir helfen, dass ich meine Priorität konstruktiv leben kann? Dann werden meine negativen Neigungen dich und unsere Partnerschaft nicht oder nur selten belasten. Du wirst dich mit mir freuen können. Kannst du jetzt die Fragen: „Was für ein Mensch bin ich?" und „was für ein Mensch ist mein Partner?" schon besser beantworten?

### Verständnis für Probleme

Wenn du dich nun als Beispiel in der Beschreibung der Priorität Gefallenwollen wieder gefunden hast, dann sagen wir, du bist ein Mensch mit der Priorität Gefallenwollen. Wenn wir nun annehmen, dass dein Partner auch die Priorität Gefallenwollen hat, dann habt ihr beide gute Qualitäten, womit ihr einander das Leben schön machen wollt. Ihr wollt euch gegenseitig die Erwartungen erfüllen. Es gibt aber auch Probleme. Der Mensch mit der Priorität Gefallen-wollen hat Angst, abgelehnt zu werden und deswegen will er lieber heraus finden, was der andere will, als klar zu sagen, was er selbst will. Deshalb wissen die beiden mit der Priorität Gefallen-wollen nicht viel voneinander und jeder fühlt, dass er zu kurz kommt, wo er sich doch so für den anderen anstrengt. So haben beide Zeiten, in denen sie traurig sind. Wenn ihr lernt, auch zu sagen, was ihr selbst wollt und auch mal mit einem klaren „nein" sagt, was ihr nicht wollt, findet ihr auf Dauer mehr Verständnis und Zufriedenheit.

Hat die Frau die Priorität Gefallen-wollen und der Mann die Priorität Kontrolle, dann strengt sie sich an, ihm näher zu kommen, mit ihren Fähigkeiten zu gefallen, aber er braucht den Abstand (K). So fühlt sie sich abgelehnt und er steht wieder alleine da. Aber das kennt er ja schon. Die Spannungen, die dadurch auftreten, betrachtet sie als ihre Schuld, denn der Mensch mit der Priorität Gefallen-wollen hat die Neigung, erst die Schuld bei sich zu suchen.

Der Mensch mit der Priorität Überlegenheit hat eher die Neigung erst die Schuld beim anderen zu suchen. Hätte er eine Partnerin mit der Priorität Gefallen-wollen, dann wäre sie dadurch doppelt belastet.

So sehen wir, dass jede Priorität Stärken und Schwächen hat, die durch die Kombination mit den Prioritäten des Partners die Schwierigkeiten des Paares erklären. Je besser man sie versteht, desto besser kann man zusammen darüber sprechen und lernen, damit besser umzugehen. Deshalb noch etwas mehr Information zu jeder Priorität.

Der Mensch mit der Priorität **Überlegenheit** hat wohl schon in seiner Kindheit gelernt, dass er nur dann gut genug ist, wenn er überlegen ist oder etwas Besonderes darstellt. Er vermeidet die Unterlegenheit und die Durchschnittlichkeit,

116

manchmal auch die Anonymität. Er will besser sein als andere und groß dastehen. Er will recht haben, er bemuttert/bevatert gerne und hat die Neigung den Partner herunter zu drücken. Dominanz, Überlegenheit, etwas Besonderes sein wollen, der Größte sein; alle diese Tendenzen spielen auch in die sexuelle Beziehung hinein. Überlegenheit kann viele Gesichter haben. Man kann überlegen sein durch Leiden, durch Märtyrertum, durch Enthaltsamkeit, durch Güte, durch Reichtum, durch Leistung, durch Wissen, durch Bescheidenheit. Wie die Qualität auch heißt, in irgendeiner Weise wird dieser Mensch damit brillieren.

Der Mensch mit der Priorität **Kontrolle** hat in seiner Kindheit genug schlechte Erfahrungen mit Menschen gemacht, um sich berechtigt zu fühlen, vorsichtig zu sein. Er lebt mit der Warnung: „Man kann nie wissen." So kontrolliert er sich selbst und andere. Er will es vermeiden, hilflos und anderen ausgeliefert und lächerlich zu sein. Deswegen zeigt er wenig Gefühle und hat die Neigung, diejenigen die es tun, als weich zu kritisieren. In Krisensituationen ist er nicht sehr gesprächig. Er kann nicht gut über Gefühle und Probleme sprechen. Er kann sich auch nicht gut anvertrauen. Frauen haben dann die Neigung zu drängen. Er soll doch mehr über sich und seine Gefühle sprechen. Aber je mehr sie das Gespräch fordert, desto unerreichbarer wird er. Die Mauer des Abstandes wird dicker.

Die Selbstkontrolle und die fehlende Fähigkeit sich anzuvertrauen und fallen zu lassen, stören die sexuelle Beziehung, es sei denn er hat die Freiheit, sie nach seinen eigenen Wünschen zu gestalten. Er kann die Nähe in der Partnerschaft gut leben, wenn er das Tempo der Annäherung selbst bestimmen kann.

Die Priorität Kontrolle kann insbesondere dann zum Problem werden, wenn dieser Mensch nicht nur sich selbst kontrolliert, sondern Kontrolle über andere haben will. Es ist dann, als hätte er nur Bedeutung, wenn die andern gehorchen und nach seinen Regeln spuren. Die Kontrolle wird zur Machtausübung. In der Partnerschaft müssen diese Kontrollprobleme zu einem offenen Gesprächsthema gemacht werden.

Für den Menschen mit der Priorität **Gefallen-wollen**, ist das Vermeiden von Ablehnung sein wichtigstes Ziel. So strengt er sich in vielfältigster Form an, dem Partner zu gefallen. Er fühlt sich wohler, wenn er weiß, womit er dir eine Freude machen kann, als selbst – einfach so – die Initiative zu ergreifen. Er hat in der Kindheit wohl nie Klarheit darüber gehabt, ob er geliebt wurde oder nicht. Deswegen hat er sich für das Geliebt-werden besonders angestrengt. Deswegen strengt er sich auch heute noch so sehr an. Manche können nicht nach Hause kommen, ohne etwas mitzubringen. Sie schieben den Gegenstand oder die Blumen vor sich hin und wissen schließlich nicht, ob sie wegen der Geschenke oder aus Liebe zu ihrer Person gemocht/geliebt werden. Eine Aufgabe für die Partnerschaft kann es sein, immer mal wieder zu riskieren, keine Geschenke mitzubringen und nicht etwas Ausgefallenes für den Partner zu tun, sonst wirst du nie erfahren, dass du selbst so wie du bist, liebenswert bist. Riskiere es.

Die Ausrichtung auf die Wünsche und Erwartungen des Partners kommt natürlich auch in der sexuellen Beziehung zum Ausdruck. Für die Frau kann das bedeuten, dass sie sich so sehr auf den Partner ausrichtet, dass sie selbst nicht zum Orgasmus kommt.

Eine gute Aufgabe für die Partnerschaft ist es, zu üben, klar zu sagen, was du wirklich willst. Es kann eine Zeit brauchen, das erst mal herauszufinden. Auch wenn du es jetzt noch nicht glaubst, du wirst attraktiver, wenn du weißt, was du willst und auf ‚eigene Füße‘ stehen kannst.

Der Mensch mit der Priorität **Bequemlichkeit** wurde vielleicht als Kind verwöhnt. Er hatte möglicherweise eine überfürsorgliche Mutter und so hat er gelernt zu bekommen, was er haben will. Wünschen = Bekommen. Sonst wird er leicht ungeduldig. Und das bedeutet für ihn schon Stress. Sein wichtigstes Ziel ist es deshalb Stress zu verringern. Das kann er machen, indem er sich zurückzieht, Musik hört oder anderweitig genießt oder auch schläft. Wenn er aber wenig Selbstvertrauen hat, dann verzögert er das Ausführen von Aufgaben. Er schiebt seine Sachen hinaus, um Entscheidungen nicht treffen zu müssen, Probleme nicht lösen zu müssen und vorliegende Aufgaben nicht fertig machen zu müssen. In Krisensituationen können diese Versuche, Stress zu verringern, besondere Ausdrucksformen bekommen. Hat er kein Geld, nimmt er um diesen Stress zu verringern, einen neuen Kredit auf, obwohl er schon verschuldet ist. Steht er am Arbeitsplatz unter Druck, kann er seinen Job ändern, auch wenn er dadurch finanziell Nachteile hat. Gibt es Stress in der Partnerschaft, kann er sich trennen, um den Stress zu verringern und eine neue Beziehung anfangen. Auch Masturbieren, kann eine Methode zur Stressverringerung sein. Die Eigenschaften der Priorität Bequemlichkeit spielen natürlich auch in der sexuellen Beziehung eine Rolle.

Mein Vorschlag ist: Sprecht miteinander über diese Beschreibung der Prioritäten. Vielleicht hilft es dir, dich selbst und deinen Partner besser zu verstehen. Ihr wollt euch besser kennen lernen? Hier ist ein Werkzeug.

## Du als Kind ... und heute

Die Kindheit ist die wichtigste Quelle, wenn man einander kennen lernen will. Und doch, wenn wir erwachsen geworden sind, haben wir die Neigung, unsere Kindheit für unwichtig für das heutige Verhalten zu erklären. Sie beeinflusst aber mehr als wir wahrhaben wollen, unser Leben von jetzt. Wir sind Kinder in einer alternden Haut. Die Wahl deines Partners – so hast du im Kapitel über die Verliebtheit gelesen – wurde durch deine Kindheitserfahrungen mitbestimmt. So kannst du sicher sein, dass deine Gefühle und die Qualität deiner Beziehungen generell aber zu deinem Partner insbesondere, durch deine Kindheit beeinflusst werden. Du bist in jedem Augenblick die Geschichte deines schon gelebten Lebens. Deshalb fragen wir in der psychologischen Beratung, wenn wir jemanden besser verstehen wollen: „Das wievielte Kind warst du in deiner Ursprungsfamilie?", weil wir glauben, dadurch das Problem besser verstehen zu können.

Ist es nicht etwas Besonderes, dass drei Kinder, die in derselben Familie lebten und von denselben Eltern erzogen wurden, in ihrem Charakter so unterschiedlich sind – unterschiedlicher als drei Erstgeborene aus drei verschiedenen Familien? Erstgeborene haben etwas Typisches, aber auch Mittlere und Jüngste. Es lohnt sich, das näher zu betrachten um weiterzukommen mit der Beantwortung der Fragen: „Wer bin ich?" und „wie bin ich so geworden, wie ich bin?" Bedenke, kein Kind wächst in derselben Familie auf. Jedes findet völlig andere Bedingungen vor. Das erste Kind ist das erste Erziehungsexperiment der Eltern und vielleicht das erste Enkelkind. Das zweite hat schon erfahrene Eltern und ein Geschwister, das ihn mehr oder weniger gern oder ungern begrüßt. Jeder Platz in der Kinderreihe hat prägende Einflüsse auf deine Lebensstilbildung. Also, das wievielte Kind bist du?

## Du bist das **erste und Einzelkind**

➢ Als Einzelkind wurdest du sehr beachtet. Merkst du, dass du auch jetzt noch gerne im Mittelpunkt bist oder in irgendeiner Weise etwas Besonderes darstellst? Versuchst du, dich hervorzutun mit Intelligenz, Liebenswürdigkeiten oder Schüchternheit, um Anerkennung oder Beifall zu bekommen oder schaffst du es, leicht Mitleid zu bekommen?

➢ Du lebtest in der Welt der Erwachsenen. Es fehlte dir die Erfahrung des Umganges mit Gleichaltrigen.

Kannst du auch jetzt besser mit älteren als mit Gleichaltrigen umgehen? Fühlst du dich auch heute oft noch so wie ein Zwerg unter Riesen?
➤ Du brauchtest nicht zu teilen. Alles war für dich da. Hast du auch heute Schwierigkeiten, zu teilen? Spielt Eifersucht deswegen eine Rolle in deinem Leben?
➤ Die meisten deiner Wünsche wurden erfüllt. Fühlst du dich ungerecht behandelt, wenn Wünsche nicht erfüllt werden?
➤ Als Einzelkind warst du oft auf dich angewiesen. Du hast gelernt, Zeit allein zu verbringen. Wie ist das jetzt? Brauchst du Zeit für dich allein?
➤ Manche Einzelkinder haben ängstliche Eltern. Sie sind sehr vorsichtig mit diesem Kind und überbehüten es. Hattest du ängstliche Eltern? Bist du auch heute eher unsicher?
➤ Deine Eltern waren deine wichtigsten Bezugspersonen. Einzelkinder fühlen sich als Erwachsene stark verantwortlich für das, was mit Vater und Mutter passiert. Ist das bei dir auch so? Versteht dein Partner das?

Du bist das **erste und älteste Kind**
➤ Eine Zeit lang warst du das vielbeachtete Einzelkind, und dann kam das andere, das du nicht hereingebeten hattest. Du kleine Prinzessin, kleiner König wurdest entthront. Ist auch jetzt noch Angst in dir, entthront zu werden, Angst, dass jemand deinen Platz einnehmen könnte? Oder fühlst du dich leicht ungeliebt, vernachlässigt oder ungerecht behandelt wie damals? Du schätztest Regeln, Vorschriften und Vereinbarungen. Diese stützten deine Kontrolle über die Kleinen. Bringen Regeln, Verordnungen und Vereinbarungen Ordnung oder auch Probleme in deiner Ehe?
➤ Du verlorst als Kind Beachtung, Liebe und Wertschätzung und suchtest Aufmerksamkeit mit negativen Me-

thoden. Wenn dir das nicht gelang, warst du gereizt, wütend oder ungehorsam. Wie ist das jetzt?

➢ Damals war das schlimm genug, die Liebe der Mutter an die Kleinen zu verlieren, aber den ersten Platz, den wolltest du verteidigen.
Ist auch jetzt dein Denken, Fühlen und Handeln noch durchzogen von „die/der Erste sein wollen"? (Man kann auch im negativen Sinn der Erste sein.)

➢ Eine Methode, der Erste zu sein, war es, kritisch zu sein und den Boss zu spielen. Manche sind dabei stur und dickköpfig.
Wie ist das heute bei dir?
Eine andere Methode war es, Ordnung und Übersicht zu bewahren. Eine Ordnung, die das Kleine gerne gestört und durcheinander gebracht hat.
Ist Ordnung und Unordnung auch in deiner Ehe ein Thema für dich?
Eine andere Methode war dein Streben, besser zu sein. Es ist als würdest du auch jetzt noch glauben „wenn ich nicht perfekt bin, bin ich nichts wert" ...wie damals.

➢ Es ist als ob Erstgeborene das Paradies verloren und rückblickend die damalige Zeit verherrlichen.
Blickst du auch auf Vergangenheit generell als etwas Gutes? Erzählst du gerne über damals oder aus der Geschichte?

➢ Du hast gelernt, zu helfen und zu beschützen. Darin hast du als Kind schon bald die Eltern nachgeahmt.
Geht es dir auch heute gut, wenn du helfen und beschützen kannst? Ist dein Partner damit einverstanden? Und wenn man dich dazu nicht braucht?

➢ Du hast gelernt, Verantwortung zu tragen und wurdest dafür gelobt. Du lerntest gut zu organisieren.
Kannst du auch schon Verantwortung abgeben?

> Viele Erstgeborene sind tüchtige, gute, nützliche Menschen geworden. Einige wurden sehr entmutigt und blieben ein ewiges Baby.
> Erstgeborene können Fallträume haben. Es ist als würden sie sich immer wieder warnen, dass sie zwar oben sind, aber nie sicher sein können, dass sie diese Position auch halten können.

„Alles kann auch anders sein" sagte Alfred Adler und meinte, dass die Kreativität des Menschen völlig andere Ergebnisse zu Tage fördern kann. Wenn in einer Reihe von Kindern ein großer Zeitabstand auftritt, z.b. sieben Jahre nach dem dritten Kind, wird noch ein Kind geboren, das noch zwei jüngere Geschwister bekommt, dann wird dieses vierte Kind als ältestes Kind der letzten drei betrachtet.

Wenn, um nur noch ein Beispiel zu nennen, das erste Kind ein behindertes Kind ist, kann das Zweitgeborene die Rolle des Erstgeborenen übernehmen. Natürlich macht es auch etwas aus, ob das erste ein Junge oder ein Mädchen ist.

## Du bist das **zweitgeborene Kind**

> Du musstest immer schon die Aufmerksamkeit mit einem anderen teilen. Im Grunde ist das ein guter Platz, um dich im Kreise mehrerer Menschen wohl zu fühlen, wenn die Konkurrenz mit dem ältesten nicht zu hart war. Du hattest immer einen Schrittmacher vor dir. Das hat dich angeregt, dich zu bemühen und aufzuholen.
> So hast du einen Rennstil entwickelt. Du meinst, du müsstest dich auch jetzt noch bemühen, jemanden zu überholen. Du stehst unter Druck und übst, lernst, trainierst fleißig, andere zu überholen. Bist du erfolgreicher als das Erste? Tut der Druck dir / deiner Ehe gut?
> Du hast immer aufmerksam auf den konkurrierenden Ältesten geschaut. Was kann der besser, was schlechter? Worin ist er erfolgreich, worin versagt er? Du bist immer

in die „Löcher" geschlüpft und bist dort gut/besser geworden, wo der andere versagte.

Bist du immer noch so flexibel, um deinen Weg zum Erfolg zu finden? Lebst du immer noch mit diesem inneren Vergleichen? Tut dir das gut? Wie dem auch sei, du musst, um deine Ziele zu erreichen, sehr eifrig sein. Was ist mit Zeit für die Ehe?

➢ Die aktiven, streberischen Zweitgeborenen können das Erstgeborene sehr entmutigen. Wenn das erste Kind sich als Verlierer vorkommt, wird es das böse, lästige Kind, das Krankheitssymptome oder Abhängigkeiten entwickelt.

➢ Viele Zweitgeborenen versuchen sich zu profilieren oder andere in ihren Dienst zu stellen.

➢ Die meisten Zweitgeborenen können keine Überlegenen über sich haben und sie ertragen keine strenge Führung. Erkennst du dich darin?

➢ Das zweite Kind steckt sich hohe Ziele. Manchmal sind diese so hoch, dass es ein Leben lang daran leidet, sie nicht zu erreichen. Es kann dann ‚mit Hilfe' von seelischen Krankheitssymptomen kapitulieren.

➢ Zweitgeborene haben Träume, in denen Druck und Hast vorherrschen. Manchmal rennen sie hinter einem Zug her oder haben Angst, den Zug (Anschluss) zu verpassen.

➢ Ist das erste Kind erfolgreich, dann kann das zweite entmutigt zurückbleiben mit starken Unsicherheiten und Selbstzweifel.

➢ Wird ein drittes Kind geboren, dann wird das zweite Kind zum mittleren Kind. Wir nennen es „Sandwichkind". Es ist eingeklemmt zwischen dem älteren und dem jüngsten Kind.

➢ Auch bei Zwillingen ist das eine im Schlepptau des anderen. Jedes von beiden kennt seinen Platz als früher oder später geborenes Kind.

## Du bist das **mittlere Kind**

Die Merkmale des zweiten Kindes verlierst du nicht, aber es tritt eine besondere Schwierigkeit in dein Leben. Du verlierst nicht nur die Liebe deiner Mutter an den Jüngsten, du erlebst auch das Unrecht, dass du die Vorrechte des Älteren nicht hast und die Vorteile, der Jüngste zu sein auch verloren hast. Unrecht, Recht, Ungerechtigkeit, Gerechtigkeit sind seitdem deine Themen. Ein Freund von mir brachte es auf den Punkt. Er sagte: „Ich bin das Mittlere. Bei uns hieß es abends: ‚Die beiden Ältesten räumen jetzt den Tisch ab und spülen und dann gehen die zwei Jüngsten ins Bett'. Abgesehen davon, musste ich die Kleider des Ältesten abtragen und das Jüngste bekam neue Sachen." Ungerecht!

➤ Viele Sandwichkinder fühlen sich ungeliebt und missbraucht. Du auch? Immer mal wieder oder immer? Auch vom Partner? Wie kriegst du das hin? Schmollst du? Beweist du deinem Partner, wie du zu kurz kommst und wie du benachteiligt wirst? Ist das gut für eure Ehe?

➤ Mittlere Kinder können rechthaberisch wirken. In der Ehe können sie lernen, den Mund zu halten und zuzuhören.

➤ Manche fühlen sich entmutigt und werden entmutigte Kinder. Andere kämpfen sich durch, können sich gut wehren und treiben das erste und das dritte Kind ins Versagen.

➤ Da Recht und Unrecht deine eigentlichen Kriterien sind, hast du auch gute Augen, um Recht und Unrecht wahrzunehmen. Viele mittlere Kinder sind gute Helfer, Vermittler in Konflikten, Beschützer, Sozialarbeiter, Juristen oder Arbeiter in Ländern, wo Menschen in Armut, Unrecht und Not leben.

Eine Mutter sagte: „Mein Sohn, der Mittlere, spielt auf dem Schulhof den Robin Hood für die Schwachen und steckt selbst die Prügel der Größeren ein."

## Du bist das **jüngste Kind**

Du bist das einzige Kind in der Kinderreihe, das nie entthront, eingeholt oder abgelöst wurde.

In der Bibel kannst du die Geschichte von Joseph lesen, der als jüngstes Kind betrachtet werden muss, da sein Bruder Benjamin erst siebzehn Jahre nach ihm geboren wurde. Auf Josephs Entwicklung hatte er keinen Einfluss. Joseph träumte von seiner zukünftigen Größe und verärgerte seine Brüder mit seinen Vorstellungen von Herrschaft über sie und die Welt. Er wurde schließlich König von Ägypten und Retter der Kultur.

Nicht nur in der Bibel – auch David war ein Jüngstes – finden wir die besondere Rolle des jüngsten Kindes, auch in den Märchen. Es will andere ausstechen, überflügeln. Das Jüngste ist das Erfolgreiche.

➢ Die Jüngsten sind oft erfolgreich, erfinderisch und geschickt.

➢ Sie haben originelle Ideen und können dadurch andere für sich gewinnen. Sie stoßen aber mit ihrem Ehrgeiz leicht auf Widerstand.

➢ Sie sind Charmeure, die gut andere in ihren Dienst stellen können. Oft sind es schöne Kinder mit einem herzerwärmenden Lächeln und Talent zum Schauspielen.

➢ Das jüngste Kind zeigt, wie das zweite, den Drang, die anderen zu überholen, gibt aber auf, wenn es nicht überlegen sein kann. Wie geht es dir damit?

➢ Das Jüngste wird oft verwöhnt und entwickelt dadurch hohe Ansprüche an andere, wenn es nicht bekommt, was es will. Es spielt gerne den Boss. Was meint dein Partner dazu?

➢ Mit dem jüngsten Kind kann man spielen, lachen, Unsinn machen, aber, so meinen die älteren Geschwister, ernst nehmen kann man es nicht. Das ist oft ein Problem für das Jüngste. Es fühlt sich nicht ernst genommen und meint, man interessiere sich nicht dafür, was es denkt. Ist das ein Thema für dich? Wenn ja, dann bedenke, dass es mehr mit deiner Meinung über dich zu tun hat, als mit der Einstellung des anderen dir gegenüber.

➢ Da immer andere für das Jüngste da sind, hat es gewisse Schwierigkeiten zu entscheiden. Das taten die anderen für es. Es hat auch Schwierigkeiten, Arbeiten zu Ende zu führen. Anfangen – auch mit großen Ideen – kann es gut, aber es spekuliert darauf, dass andere die zweite Hälfte oder das letzte Drittel übernehmen, wäre es auch nur das Aufräumen der Sachen, die es für seine Arbeit benötigte. Auch hat es Schwierigkeiten, Verantwortung zu tragen und damit durchzuhalten. Das machte ja das Älteste. Jüngste Kinder gibt es auch an anderer Stelle als am Ende der Kinderreihe. Wenn nach zwei Kindern erst nach einer großen Zeitspanne von z.b. zehn Jahren das nächste Kind geboren wird, dann ist von den zwei ersten, das zweite ein jüngstes Kind, ungeachtet dessen, wie viele Kinder noch geboren werden.

**Allgemein:**
Es handelt sich bei obigen Annahmen um statistische Wahrscheinlichkeiten von typischen Lebensstilaspekten, nicht um feste Regeln. Es muss also nicht immer stimmen, aber es stimmt oft. Immer ist es das Kind, das kreativ mit seiner Situation umgeht und dadurch seine Entwicklung bestimmt. So hast auch du es getan. Es gibt viele Einflüsse, die bewirken, dass alles auch anders sein kann. Wenn das erste ein behindertes Kind ist; wenn Adoptivkinder in die Familie kommen; wenn ein Kind zum Teil allein bei Oma, zum Teil mit den Geschwistern zu Hause aufwächst; wenn ein Kind stirbt; wenn die Eltern sich trennen und dadurch auch die Kinder getrennt werden usw. Wenn du deine Situation genauer verstehen willst, dann suche dir eine/n Individualpsychologischen Berater/in.

# Die Eltern

Da wir ja nicht so erwachsen sind, wie wir aussehen, ist die Beziehung zu den Eltern nicht so unwichtig, wie wir manchmal glauben. Ist das Thema Eltern oder Schwiegereltern in deiner Partnerschaft zu einem Konfliktthema geworden, und stehen sie zwischen euch? Dann hilft es vielleicht, dir das Thema Eltern noch einmal genauer anzuschauen. Auch dort, wo die Eltern als Person in unseren Konflikten keine Rolle spielen, haben sie trotzdem Einfluss auf unsere Lebensgestaltung.

Überlegen wir uns mal Folgendes: Das Menschenkind ist mehr als jedes Tierjunge von seinen Eltern abhängig. Es lebt neun Monate im Mutterleib und ist nach der Geburt vollkommen hilflos und von den Eltern abhängig. Es muss gestillt werden, bekommt neue Windeln, wird gekleidet, beschützt, es bekommt Führung und orientiert sich am Vorbild der Eltern. Ohne diese aktive Rolle der Eltern oder Erzieher könnte das Kind nicht zu einem Menschen heranwachsen. Man könnte nun sagen, dass das Kind in einem Vertragsverhältnis zu den Eltern steht. Die Hauptklausel dieses Vertrages lautet, dass das Kind für die aktive, versorgende beschützende, helfende Rolle der Eltern seine Abhängigkeit akzeptiert. Zu dieser Abhängigkeit gehört, dass das Kind das tut, was man von ihm erwartet. Wenn das Kind auf seinem Entwicklungsweg ermutigt wird, wird es die Abhängigkeit nicht als Last empfinden, und es wird gerne dem Vorbild der Eltern folgen, die Angewohnheiten der Familie übernehmen, die Sprache der Eltern sprechen usw. Gewiss, das Kind ist nicht immer gehorsam und folgsam, aber die eigentliche Zeit der Ablösung kommt erst in der Pubertät. Hier beginnt normalerweise die Phase, in der der Heranwachsende anfängt, gegen dieses Abhängigkeitsverhältnis zu protestieren und den Vertrag nicht mehr zu akzeptieren. Dies ist die Zeit der Konfrontationen, der Opposition, des Argumentierens. Der

Heranwachsende erkämpft seine Eigenständigkeit. Der Jugendliche wird leichter zu seiner eigenen Persönlichkeit finden, je mehr die Eltern ihn als gleichwertigen Partner anerkennen und seine Entwicklung verstehen und akzeptieren. Wenn der Prozess der Loslösung von den Eltern normal verläuft und der Jugendliche sich am Ende erwachsen fühlt, akzeptiert er seine Eltern so, wie er auch andere Erwachsene akzeptiert. Er weiß: „Hier bin ich, und dort seid ihr. Wir sind Erwachsene. Ich brauche euch nicht zu kritisieren und euch keine Vorschriften zu machen, und ihr werdet es auch nicht tun. Wenn wir etwas zu besprechen haben, machen wir das in gegenseitiger Achtung."

Bei manchen ist das Verhältnis sachlich, distanziert, vielleicht sogar kühl; aber wenn die Eltern in der Erziehung das Prinzip der Gleichwertigkeit haben walten lassen und gemeinsame Interessen haben, kann die Beziehung auch warm, liebevoll und eng sein, ohne einzuengen.

Ist die Entwicklung bei dir günstig verlaufen, oder bist du in einer Entwicklungsphase steckengeblieben als Kind oder als Heranwachsender? Bist du in der Kindheitsphase steckengeblieben, dann bist du wahrscheinlich übermäßig fügsam und abhängig. Bist du in der Heranwachsendenphase steckengebliebenen, dann lehnst du dich ständig gegen die Eltern oder ein Elternteil auf. Du bekämpfst und kritisierst sie. Der Kampf gegen die Eltern ist ebenso ein Zeichen der Abhängigkeit wie Fügsamkeit und Anlehnung. Das „Kind" sträubt sich dagegen, die Phase des Heranwachsenden zu durchlaufen, eigene Standpunkte und Meinungen zu entwickeln und dazu zu stehen, Verantwortung zu tragen, selbstständig zu werden, um schließlich ein erwachsener Mensch sein zu können. Der „Heranwachsende" sträubt sich dagegen ganz auf sich gestellt zu sein. Auch er will nicht ganz erwachsen werden. In dem ständigen Kampf mit den Eltern drückt er sowohl seine Abhängigkeit als auch seine Liebe zu den Eltern aus. Beide Gruppen warten noch auf die Unterstützung und das Einverständnis ihrer Eltern, nachdem sie schon lange fähig sind, ihr eigenes Leben zu meistern. Sie schaffen kein realistisches Verhältnis zu den Eltern, und sie sehen ihre Eltern auch nicht so wie sie wirklich sind. Das können sie auch nicht, solange sie nicht als gleichwertige Erwachsene neben ihren Eltern stehen. Der Weg, den beide gehen müssen, ist, dass sie sich von den Bindungen an die Eltern befreien, die Dinge selbst in die Hand nehmen und keine Dinge für sich erledigen lassen, die sie selbst tun können. Und sie müssen eine respektvolle Distanz finden. Was hat dieses Steckenbleiben nun für Folgen für das tägliche Leben? Wenn du in der Kindheitsphase steckengeblieben bist, wirst du immer wieder eine ‚Mutter' oder einen ‚Vater' suchen, die oder der dich beschützt, für dich sorgt und dir Verantwortung abnimmt. So wirst du weiterhin Kind bleiben können. Bist du in der rebellischen Phase steckengeblieben, dann wirst du immer wieder Autoritäten finden, die du bekämpfen und vor denen du Angst haben kannst. Du wirst auch einen „Größeren" finden, dessen Bewunderung du dir verdienen willst, und den du ungerecht nennst und bekämpfst, wenn du die Bewunderung nicht bekommst.

Unter diesen Gesichtspunkten suchen und finden wir auch unseren Partner. Viele der Probleme, die wir in der Ehe haben, hängen mit der Beziehung zu unseren Eltern zusammen. Man kann sie leichter lösen, wenn man die Beziehung zu den Eltern geklärt hat. Dieses Klären muss nicht unbedingt in einer Aussprache mit den Eltern persönlich stattfinden. Im Grunde spielt sich das Verzeihen und der Frieden in dir selbst ab. Du kannst lernen, die Eltern in ihren positiven und auch in ihren negativen Eigenschaften realistischer zu sehen. Du kannst lernen, den Eltern und dir selbst zu verzeihen und so selbstständiger und unabhängiger zu werden. Du kannst mit den Eltern – auch wenn sie schon verstorben sind – Frieden schließen und erwachsen werden. „Ehre deine Eltern" ist weniger eine Aufforderung für brave Menschen, als eine Chance für alle, psychisch hygienisch zu leben.

## Ablösung von den Eltern

Wie kannst du dich von den Eltern lösen und aus diesem Prozess gesund herauskommen? Einmal schimpfen, die Tür zuschmeißen und weglaufen, ist keine Lösung und auch keine Ablösung. Wenn du mit den Eltern haderst, bist du nicht frei. Die Streitgespräche, die du, auch wenn du weit vom Elternhaus entfernt bist, mit den Eltern in deinem Herzen führst, sind ein deutliches Zeichen der Abhängigkeit. Streiten und mit dem Kopf durch die Wand rennen, tragen in dem Prozess der Ablösung keine Früchte. Es geht darum, selbstständiger und unabhängiger zu werden. Es geht darum, dass du dich selbst verstehst in dem, was du denkst, fühlst und tust. Es geht darum, dass du fähig wirst, über dein eigenes Leben zu bestimmen, Verantwortung zu tragen, dich zu behaupten und mutiger zu werden. Es geht dabei auch um deine innere Freiheit, d.h. dass das, was du tust, für dich selbst stimmt. So gesehen, hast du ein ganzes Leben voller interessanter Entwicklungsmöglichkeiten vor dir. Das Erlangen von mehr Selbständigkeit und mehr Unabhängigkeit ist vielleicht mit Trennung, vielleicht auch mit Verlustangst verbunden. Auf jeden Fall wirst du eigene Wege gehen. Trotz deiner Bemühungen, zu deinen Eltern ein gutes Verhältnis zu haben, ist es nicht sicher, dass sie deinen Weg schätzen. Dann hast du vielleicht Schuldgefühle, wenn die Eltern nicht einverstanden sind, und insbesondere dann, wenn sie gekränkt sind, wenn du trotzdem deinen Weg gehst. Du wirst auch vor die Frage gestellt: „Ist das, was für meine Eltern richtig war, auch richtig für mich?" Es geht dabei um Wertmaßstäbe und Weltanschauungen, die du von zu Hause mitbekommen hast.

## Von der Theorie zur Praxis

### ⊠ Brief an die Eltern

Schreibe deinen Eltern bzw. Vater oder Mutter einen Brief. Du kannst diese Art von Briefen in den nächsten Wochen und Monaten öfters schreiben.

Schicke oder gib ihnen diesen Brief *nicht!* Schreibe ihn aber so, dass du darauf auch eine Antwort bekommen könntest, die eine Entwicklung in Richtung auf ein gesünderes Verhältnis mit ihnen ermöglicht, d.h. schreibe mit genug Respekt und Achtung, damit du deine Eltern nicht verletzt, denn Streit, Vorwürfe und Angriffe führen auf längere Sicht zu keinen guten Ergebnissen. In deinem Brief sollen die folgenden Themen als roter Faden vorkommen:

– Erkläre, warum du meinst, dass das Verhältnis anders sein sollte.

– Bedanke dich für alles, was er/sie für dich bedeutet hat, was er/sie für dich getan hat, was du von ihm/ihr gelernt hast, auch aus den negativen Situationen.

– Beschreibe, was du ihr/ihm vorwirfst, was dich verletzt hat, wovon du noch die Wunden oder Narben trägst.

– Entwickle Verständnis für ihre/seine Lage. (Vergegenwärtige dir, dass deine Eltern auch nur die Kinder ihrer Eltern – deiner Großeltern – sind und dass sie vielleicht durch schwierige Zeiten gegangen sind.). „Ich verstehe dich, weil ..."

– Beschreibe auch, was du selbst zu diesem unbefriedigenden Verhältnis beigetragen hast oder immer noch beiträgst. Prüfe, ob du Verhaltensweisen erkennst, mit denen du es deinen Eltern erlaubst, oder sie sogar herausforderst, dich wie ein kleines Kind oder einen Jugendlichen zu behandeln.

132

- Schreibe, von welchen Verhaltensweisen du dich verabschieden willst, und mache Vorschläge, was du in Zukunft tun wirst, um aus der bisherigen, unbefriedigenden Beziehung herauszukommen.
- Beschreibe, wofür du ihr/ihm dankbar bist, was du an ihr/ihm schätzt, was du gut findest.

Lese diesen Brief öfters und erweitere den versöhnenden Teil.

## „Die Brücke" – Eine neue Art der Beziehung finden

Vielleicht liegt es dir mehr, diesen Prozess erst in der Phantasie zu durchdenken. Setze dich dazu ruhig in deinen Stuhl oder lege dich hin. Stelle dich jetzt auf Entspannung ein und spüre die Auflageflächen des Körpers. Während du so ruhig liegst oder sitzt, wird dir allmählich die Atembewegung bewusst, und indem du darauf achtest, merkst du auch, dass sie ruhiger wird. Ein leichtes Gefühl von Entspannung kommt über dich und breitet sich in deinem ganzen Körper aus. Ein Gefühl von Wohlbefinden stellt sich ein. Erlaube dir dieses gute Gefühl von Ruhe und kreativer Gelassenheit. Vielleicht kommen jetzt schon Bilder von früheren Situationen, in denen du dich genauso gut gefühlt hast, in dir hoch; vielleicht auch kommen sie im weiteren Verlauf der Übung. Nimm dir ruhig Zeit! Wenn du dich wirklich wohl und ruhig fühlst, siehst du vor dir eine Landschaft mit einem Fluss. Du gehst an dem Fluss entlang. Du hörst deine eigenen Schritte und das Rascheln des Grases unter deinen Füßen bei jedem neuen Schritt. Du fühlst dich frei und bereit Neues zuzulassen. Der Anblick einiger fliegender Vögel bereichert noch dein Gefühl von innerer Freiheit. Das Rauschen des Wassers, der Geruch des frischen Grases und die sonnige

Landschaft geben dir eine vollständige Erfahrung. In der Ferne siehst du eine Brücke. Du gehst hin.

Auf der Brücke begegnest du deinem Vater/deiner Mutter. Ihr begrüßt euch, und du fängst das Gespräch an und sprichst darüber, dass die heutige Qualität eures Verhältnisses dir nicht gefällt, und du erzählst ihm/ihr, warum sie dir nicht gefällt und was du daran ändern möchtest. Du machst ihm/ihr klar, dass du ein neues Verhältnis zu ihm/ihr suchst, das mehr zu deinem Alter passt und das mehr Möglichkeiten für gegenseitigen Respekt zulässt. Setze bei deinem Vater/deiner Mutter gute Absichten voraus, wenn auch er/sie zu dieser neuen Möglichkeit Stellung nimmt. Bleibe bei diesem Thema, bis du dir eine positive Grundstimmung erarbeitet hast.

Aus dieser positiven Grundstimmung heraus bedankst du dich für das, was du in deinem Leben von ihm/ihr bekommen hast, und für alles, was er/sie für dich bedeutet. Die Zeit, die du dir nimmst, um dies in Ruhe mitzuteilen, bzw. die Denkpausen, die du einlegst, sind Ausdruck deines Selbstbewusstseins.

Stelle dir jetzt vor, wie auch dein Vater/deine Mutter dir sagt, warum es für ihn/sie schön war, so ein Kind zu haben, und was du bis jetzt für ihn/sie bedeutet hast. Höre zu, wenn er/sie dir dafür dankt. Du spürst, wie gut es dir tut, dies zu hören und dankst ihm/ihr für das, was er/sie dir jetzt mit Worten gegeben hat.

Auch in eurem gegenseitigen Verhältnis gibt es Unerledigtes, Dinge, wodurch ihr euch verletzt habt, womit ihr euch weh getan habt. Sage es deinem Vater/deiner Mutter, jetzt, wo du bereit bist, an einem respekt- und achtungsvolleren Verhältnis zu arbeiten. Wenn du es ihm/ihr verzeihen willst, dann tue das jetzt! Du brauchst den Ballast für den Rest deines Lebens nicht mitzuschleppen, und du hast jetzt die Chance, ihn loszuwerden und dann für neue Entwicklungen frei zu sein.

Höre jetzt deinem Vater/deiner Mutter zu, der dir sagt, womit du ihn/sie verletzt hast. Auch er/sie wird dir sagen, welche unerledigten Dinge es noch zwischen euch gibt. Nimm dir Zeit und höre zu! Willst du, dass er/sie dir das verzeiht? Dann höre und schaue zu, wie er/sie das macht. Nimm dir nun Zeit und erzähle in aller Ruhe, was du tun wirst, um ihm/ihr und dir selbst mehr Achtung und Respekt zu erweisen. Sage ihm/ihr noch einmal, wie du dich bis jetzt verhalten hast und an welchen Stellen genau du etwas ändern wirst. Sage, dass du ihn/sie nicht ändern willst, was du aber, wenn er/sie wieder diese Art des Verhaltens zeigt, dann als Ausdruck deines Selbstrespekts und der Liebe zu ihm/ihr tun wirst. Sage, dass du dich nun von deinem bisherigen Verhalten verabschieden willst.

Höre noch einmal zu, was dein Vater/deine Mutter sagt. Verabschiede dich dann in der Art, die zu dir passt. Nun geht ihr zusammen die Brücke herunter, wo jeder seinen eigenen Weg geht. Schau dich nicht um, sondern schaue auf den Weg, den du vor dir hast und den du jetzt gehen wirst.

Willst du jetzt nach der Übung etwas Konkretes für die Beziehung zu deinem Vater/deiner Mutter tun? Ihn/sie anrufen, ihm/ihr schreiben, ihn/sie besuchen oder willst du diese Ideen ruhig wachsen lassen?

## Lebensbedingungen – Krisenbedingungen[5]

Hier ist noch eine Hilfe, sich gegenseitig besser kennen zu lernen. Es gibt Bedingungen, die so wichtig sind, dass Glücklich- und Unglücklichsein damit zusammenhängen. Lerne sie kennen.

Bei den Prioritäten hast du schon erkannt, dass Ziele – z.B. Überlegenheit – das Verhalten bestimmen. Ist das Ziel erreicht und du fühlst dich überlegen, dann geht es dir gut; du bist glücklich, kreativ, zugänglich und umgänglich. Erreichst du das Ziel aber nicht, dann fühlst du dich unterlegen. Das ist ein Zustand, den du nicht aushalten kannst. Dauert er länger, dann kommst du in die Krise und bist ungenießbar oder wirst krank. Kennst du deine Priorität, dann kannst du dein Verhalten bzw. die Krise verstehen. Kennst du die Priorität des Partners, dann verstehst du nicht nur sein Verhalten, du weißt auch wie du ihm helfen kannst. Sich überlegen, groß, als etwas Besonderes fühlen, das sind in diesem Falle die *Lebensbedingungen*. Sich durchschnittlich, klein, minderwertig fühlen, die *Krisenbedingungen*. Informationen über Lebens- und Krisenbedingungen sind für die Partnerschaft von großer Bedeutung. Du erkennst dadurch, was für deinen Partner wichtig ist, was du für ihn tun kannst und wie er das Beste aus sich selbst machen kann.

Wir gehen für die Erfassung von Lebens- und Krisenbedingungen von folgenden Fragen aus:

1. Was war schön für dich, was andere in deiner Kindheit für dich oder mit dir getan haben?
   Suche die Antworten aus den ersten 6 bis 7 Lebensjahren. Wenn du aber in der frühen Kindheit nichts findest, kannst du bis zum 12. Lebensjahr gehen. Die Antwort, die du findest, sagt, dass das, was da passierte, für dich wohl sehr wichtig sein muss. So wichtig, dass du es nach so vielen Jahren noch weißt. Das Gedächtnis ist wie ein Sieb, das durchlässt, was unwichtig ist und festhält, was von Bedeutung ist.
   Was könnte nun die folgende Erinnerung bedeuten: „Ich bin 6 Jahre alt. Mein Vater geht mit mir spazieren. Er redet mit mir und hört, was ich sage."
2. Warum war das so schön für dich?
   „Es war schön, weil mein Vater Zeit für mich hatte und sich nur mit mir beschäftigte. Ich fühlte mich wichtig,

weil er mit mir sprach und auch meine Worte ernst nahm."

**3.** Was bedeutet das für dein heutiges Leben, insbesondere für die Partnerschaft?

„Es ist das Allerwichtigste und Allerschönste für mich, wenn mein Mann mal Zeit für mich hat und wir so richtig als gleichwertige Partner miteinander sprechen können."
Unter diesen Bedingungen:
- Zeit für mich haben
- Mit mir sprechen
- Meine Ideen ernst nehmen (Gleichwertigkeit)
ist dein Leben in Ordnung. Unter diesen Bedingungen kannst du eine gute, liebende Partnerin sein. Unter diesen Bedingungen fühlst du dich zugehörig und wichtig. Unter diesen Bedingungen bist du zugänglich und leicht. Unter diesen Bedingungen kannst du lachen, denn du fühlst dich geliebt. In deiner privaten Logik heißt Liebe: Zeit für mich haben, mit mir sprechen, meine Ideen ernst nehmen. Das lebt als steter Wunsch in dir. Es ist nicht nur ein Wunsch. Es ist eine – vielleicht unbewusste – Forderung, verbunden mit: „Ich will", „du sollst" und mit „wenn du mich wirklich liebst, dann wirst du dich so verhalten" Der Partner spürt diese Erwartungshaltung und fühlt sich unter Druck. Er erlebt es als ein Fass ohne Boden. Es ist nie genug! Er neigt dazu sich diesem Druck zu entziehen. So bekommst du genau das, was dir so wichtig ist oft gerade nicht. Du weißt aber, dass dein Partner es dir geben kann, denn in der Anfangszeit eurer Beziehung war es so.

**4.** Du hättest diese Antwort wohl kaum gegeben, wenn dein Vater jeden Tag mit dir spazieren gegangen wäre. Diese Antwort kam dir, weil diese Situation eine Ausnahme war. Wie lautet die Schattenseite dieser Antwort? Was war zwischen dir und deinem Vater üblich? „Üblich war, dass er keine Zeit für mich hatte. Er war selten zu Hause.

Musste immer arbeiten und wenn er da war, war er müde."

**5.** Was bedeutet das für dein heutiges Leben? „Es ist genauso. Mein Mann ist unter der Woche auf Montage und wenn er nach Hause kommt, ist er müde. Ich meckere immer, dass er keine Zeit hat, nicht mit mir spricht, sich nicht interessiert und vorm Fernseher einschläft." So bist du wieder ‚zu Hause' angekommen. „Ja, aber ich bin unglücklich damit. So will ich keine Partnerschaft."

**6.** Welche Lösung hast du als Kind gesucht, wenn du gemerkt hast, dass dein Vater sich nicht interessiert?
„Ich bin rausgegangen, habe mit anderen Kindern gespielt und Unsinn gemacht. Als ich nach Hause kam, habe ich so getan als gäbe es ihn nicht."
Und heute? „Ich suche mir andere Leute zum Zeitvertreib. Solche, mit denen ich reden kann. Aber das ist es eben: Ich fühle, dass ich immer weiter von meinem Mann weg wachse."
Die Lösung, die du für deine Not suchst, wird zum Problem.

**7.** Was kannst du ändern?
„Ich könnte mit dieser Vorgehensweise mal untersuchen, welche die Lebensbedingungen meines Mannes sind. Was er braucht. Hoffentlich nicht schlafen."
Was kannst du noch machen? „Ich könnte mal anfangen, meine Lebensbedingungen nicht so stark einzufordern und so den Druck von ihm zu nehmen. Ich glaube allmählich, dass es der Druck ist, der ihn flüchten lässt."
Könnte es sein, dass er die Priorität Bequemlichkeit hat? „Das ist eine gute Frage. Dann braucht er ja mehr Gemütlichkeit ohne Druck. Ich gebe ihm ja auch nicht mehr viel Zärtlichkeit. Ich werde mal ein schönes Essen für ihn kochen. Ich werde dabei nicht soviel sprechen, sondern mich mehr für ihn interessieren und Fragen stellen. Wenn's passt, erzähle ich ihm von meinen Einsichten.

138

Vielleicht erzählt er dann auch mal, was für ihn früher so schön war, dass er es jetzt noch weiß."
Genau! Dann wird er wieder Zeit für dich haben und mit dir sprechen, wie damals als auch du ihn für dich gewinnen wolltest.

Hier ist noch ein anderes Beispiel, das zeigt, wie wichtig das Gespräch über die Lebens- und Krisenbedingungen ist.
Hedwig erzählt als Antwort auf die Frage:

1. Was war schön für dich, was andere in deiner Kindheit für dich oder mit dir getan haben?
   »Einmal, ich war etwa 4 bis 5 Jahre alt, hebt meine Mutter mich auf, hält mich hoch, strahlt und lacht von ganzem Herzen. Sie ruft: „Schön, dass du meine Tochter bist. Ich bin glücklich."«
2. Warum war das so schön für dich?
   „Weil sie lachte, glücklich war und ich mich so wichtig und glücklich fühlte. Es war mir als würde ich sie jetzt erst richtig kennen."
3. Was bedeutet das für dein Leben in der Partnerschaft?
   „Das ist für mich das Allerschönste, wenn Friedhelm lacht und glücklich ist und ich mich so an seinem Leben beteiligen kann."
   (Das sind offensichtlich die Lebensbedingungen für Hedwig: Lachen, glücklich sein und teilhaben am Leben des Partners).
4. Wie war die Schattenseite? Was war üblich zwischen dir und deiner Mutter?
   „Meine Eltern, aber insbesondere meine Mutter hat wenig geredet. Sie war bedrückt. Ich kannte sie kaum. Ich hätte so gerne gehabt, dass sie mich einfach an die Hand genommen hätte und mir öfter gezeigt hätte, dass das Leben auch leicht, fröhlich sein kann."
5. Was bedeutet das für dein heutiges Leben?

„Ich fühle mich traurig und manchmal wütend, weil ich diese Schwere und das Ausgeschlossensein in meiner Ehe auch erlebe. Ich bin jetzt 52, die Zeit vergeht. Ich habe Angst, dass irgendwann die Zeit um ist und ich mir meinen Wunsch, Leichtigkeit und Fröhlichkeit zu leben, nicht erfüllen konnte." Friedhelm sitzt neben ihr. Ich rege an, dass sie jetzt zu Friedhelm spricht. Sie sagt: „Friedhelm, du redest von deiner Arbeit, die für dich eine furchtbare Belastung darstellt. Das verstehe ich auch. In der Woche beschäftigst du dich nur mit der Arbeit und zeigst dich bedrückt und in dir gefangen. Samstags bist du etwas lockerer, aber am Sonntagnachmittag gegen 17.00 Uhr bist du schon wieder mitten in den Problemen drin. Die Stimmung verändert sich völlig. Du sprichst dann nicht mehr, weil du wohl glaubst, dass das mit deiner Familie nichts zu tun hat. Ich hätte so gern, dass du mehr mit mir sprichst, mich teilhaben lässt an deinem Leben, und dass wir auch mal etwas Ungeplantes, Spontanes unternehmen, bei dem wir lachen können, leicht und fröhlich sein können. Ich vermisse das so ... einfach Blödsinn machen und Teil deines Lebens sein."
Friedhelm sitzt dabei, hat Tränen in den Augen und sagt: „Das habe ich ja so alles gar nicht gewusst. Hättest du mir das doch früher gesagt."
Hedwig: „Wir sind jetzt 28 Jahre verheiratet. Ich habe in den ersten Ehejahren oft versucht, dir das zu vermitteln. Ich habe auch mal gefordert, dass du mehr sprechen sollst über dich und deine Sorgen, und dass wir doch auch mal ins Theater gehen könnten, oder irgendwohin, wo es anders ist als zu Hause. Ich habe aber gelernt, dass ich dabei auf taube Ohren stoße und habe es einfach weggesteckt. Ich glaubte, du magst das nicht oder es liegt dir nicht. Aber ich leide daran und hoffe so, dass sich vielleicht, wenn du in Rente gehst, etwas ändert. Jetzt träume

ich manchmal, dass alles plötzlich anders, leichter, fröhlicher ist und wir zusammen lachen."
Friedhelm sagt: „Ich will das ändern. So ist es für mich auch nicht gut. Wir können vielleicht mal anfangen, öfter ein ZübaMo zu machen." – Sie umarmen sich.

## Die Dynamik

Mit dieser Überschrift will ich die Aufmerksamkeit auf die Erfahrungstatsache lenken, dass wir uns entwickeln und ändern.
Informationen, Erfahrungen, altersbedingte Umstellungen, die Hormone, neue Lernprozesse sind einige Faktoren, die dazu beitragen, dass sich unsere Sicht, unsere Gefühle und unser Handeln ändern. Wenn der einzelne sich ändert, dann ändert sich auch die Qualität der Beziehung so oder so. Die drei Faktoren – die Verbindlichkeit, die Zuneigung und das tägliche Kennen lernen im ZübaMo – können helfen, dass wir die Entwicklungen gemeinsam gestalten, und dass die unausweichlichen Veränderungen uns nicht entgleisen. Die Dynamik, die auf Veränderung drängende Kraft, ist nicht aufzuhalten. Wer probiert, alles beim Alten zu lassen, blockiert und tötet schließlich das Leben der Beziehung. Wundere dich nicht, wenn dein Partner heute die Dinge anders sieht als damals, heute andere Bedürfnisse hat als damals. Willst du dich für Entwicklungen des Partners interessieren und sie liebevoll unterstützen?
Der Teil, der hauptsächlich für Haushalt und Kinder da war, bedarf, nachdem die Kinder schon mehr auf ‚eigene Füße‘ stehen können, der besonderen Förderung des anderen. Das bringt Veränderung. Willst du als Mann deine Frau jetzt unterstützen in ihrem Wunsch und ihren Versuchen noch einmal in ihren Ursprungsberuf zurückzukehren oder noch einmal eine neue Ausbildung zu machen? Kann sie darin frei wählen? Hilf ihr, ihren eigenen Weg zu finden. Helft einan-

der, eure Ziele zu erreichen und persönlich zu wachsen. Glück und Freude, das Humorkribbeln im Bauch, das freie Lachen, das Strahlen der Augen, sind die Nebenprodukte eines liebevollen Umgangs miteinander.

Um die Dynamik bewusst zu gestalten, wäre es gut zu erkennen, wo ihr unnötige feste Formen habt; wo ihr mit „immer so" lebt; wo einer sich entrüstet und sagt: „Na, so was, das hatten wir ja noch nie!" oder „das haben wir doch immer so gemacht". Man kann alles mal hinterfragen und wenn ihr es nicht ändern wollt, lebt ihr mit dem ‚alten' wieder kreativer.

Ich will hier ein paar Anregungen geben, die helfen können, aus einer gewissen Starre herauszukommen:

- Sagt er als Ehemann immer Mama zu ihr, nur weil sie Kinder haben? Auch noch, wenn die Kinder aus dem Hause sind? Reduziert er sie auf nur diese Funktion? Wo ist der Kosename geblieben? Oder ist er schon auf Opa reduziert, mit seinen 50 Jahren, nur weil sie Enkelkinder haben?

- Stehen für die Außenwelt die beiden Vornamen der Partner immer in derselben Reihenfolge? Heidi und Edgar? Warum nicht auch mal anders herum? Steht der dominante Partner immer vorne?

- Ist sie immer verantwortlich für seine sozialen Kontakte und dafür, dass er seine Pillen nimmt? Geht das in einer kreativen Partnerschaft nicht auch mal flexibel, anders?

- Gibt es Ideen, um das Immergleiche beim Geschlechtsverkehr zu ändern?

- Nimmt immer dieselbe Person das Telefon an? Warum?

## Die Selbstregulierung

Ich sagte an anderer Stelle: Du bist zu jeder Zeit die Geschichte deines schon gelebten Lebens. Das heißt zwar nicht, dass du dadurch festgelegt und unfrei bist. Nein, du kannst in jedem Augenblick, den du bewusst lebst, dich für dieses oder

jenes Verhalten entscheiden. Entscheidest du dich nicht bewusst, dann kehrst du unbewusst zurück zu dem, was dir vertraut ist. Vertraut! Das ist das Stichwort. Wir kehren durch unbewusste Prozesse immer wieder zurück zu dem, was uns vertraut ist, und zwar solange bis wir diese Prozesse kennen gelernt und verstanden haben. Sonst bleiben wir in der Selbstregulierung, d.h. in der Rückkehr zu altvertrauten Zuständen, gefangen. Wer aus seiner Geschichte nicht lernt, muss sie wiederholen. Jeder Aspekt deines Lebensstils, der dir bewusst wird, ist deshalb auch eine Befreiung. So kann eine der Fragen, die ein Individualpsychologischer Berater euch in der Paarberatung stellen kann, lauten: Wie heißt das negative Gefühl, das in deiner Kindheit – zwar nicht immer, aber immer mal wieder – da war? Die Frage kannst du ja jetzt für dich beantworten. Die möglichen Antworten sind so weit gestreut, wie es Gefühle gibt. Aber angenommen, du würdest sagen: „Ich habe mich immer mal wieder allein gelassen gefühlt", dann ist das zwar ein ungutes aber immerhin ein vertrautes Gefühl. Was uns vertraut ist, hat auch ein Anstrich von Richtigkeit. „So ist das Leben."
Dich allein gelassen fühlen, ist dir nicht nur aus der Kindheit vertraut, sondern auch aus vielen Lebenssituationen seitdem bis heute; durch die Selbstregulierung. Willst du den Weg dahin nicht mehr gehen? Dann studiere in dem Buch *Mut tut gut* das Kapitel: „Der Mensch, ein Entscheidungen treffendes Wesen". Da wird es dann erst richtig spannend, denn du wirst mit der Frage konfrontiert: „Was tue ich dazu, dass ich immer wieder ‚zu Hause' ankomme?" Der Ausdruck ‚zu Hause ankommen' drückt das Ergebnis der Selbstregulierung aus; in deiner Kindheit zu Hause. Wenn du erkennen und akzeptieren kannst, wie du diese Regulierung zurück zu vertrauten Zuständen, selbst einfädelst und vollziehst, bist du schon mehr als halbwegs aus deinem Käfig heraus. Du hörst dann auf, andere für deine Misere verantwortlich zu machen und dich selbst als der Urheber zu erkennen. Schon wieder

eine Befreiung. Du kommst dem, der etwas ändern kann, immer näher. Dir selbst.

Die Frage, die dir vielleicht in der individualpsychologischen Beratung gestellt wird, könnte auch so lauten: „Wo warst du als Kind immer hinterher und hast es nicht oder zu wenig bekommen?" Die Antwort kann materielle und soziale Aspekte aufweisen. Auf jeden Fall drückt sie aus, was dir auch heute noch sehr wichtig ist. Lebst du in einer als befriedigend erlebten Partnerschaft, dann bekommst du heute wohl das, was du als Kind schon immer suchtest. Lebst du in einer kriselnden Beziehung, dann kannst du feststellen, dass du wieder „zu Hause" angekommen bist und das, was dir damals fehlte, du auch jetzt wieder nicht bekommst. Die Antwort könnte sein: „Ich wollte als Kind so gerne in den Arm genommen werden." Hast du jetzt den „richtigen" Partner gefunden, der dir diesen Wunsch wieder nicht erfüllt? So wie damals? Wolltest du als Kind gerne hören: „Ich bin stolz auf dich." Bekommst du auch heute keine Anerkennung und sehnst dich danach? Hier kannst du dir nun die Frage stellen: „Wie habe ich das wieder hingekriegt?"

---

**Von der Theorie zur Praxis**

Beantworte folgende Fragen:

- Wie heißt das negative Gefühl, das in deiner Kindheit immer mal wieder da war?
- Was wolltest du als Kind gerne und hast es nicht bekommen?
- Überlege dir, was du dazu tust, in deiner Partnerschaft das negative Gefühl wieder herzustellen und dich so zu verhalten, dass dein Partner dir das, was du als Kind nicht bekommen hast, auch nicht gibt.
- Sprich in einer Zuhörübung darüber.

# Teil IV

## Die Sexualität[6]

Er: „Hier sind zwei Aspirin."
Sie: „Wieso gibst du mir Aspirin? Ich habe keine Kopfschmerzen!"
Er: „Gut, lass uns ins Bett gehen."

## Du meinst, wir sind anders?

Je selbstverständlicher wir die Verbindlichkeit und die Zuneigung leben, desto beglückender ist die sexuelle Begegnung.
Folgende Informationen können hilfreich sein. Schauen wir uns die biologische Seite an, dann sehen wir wie unterschiedlich Mann und Frau ausgerichtet sind. Vorweg aber Folgendes: Biologische Veranlagung führt bei Menschen nicht zwangsläufig zu bestimmten Verhaltensweisen. Kultur, Erziehung und situative Entscheidungen können das Verhalten verändern. Deswegen werden einige Leser sich bei der folgenden Einteilung nicht wiederfinden, oder genau in umgekehrter Form. Ich beschreibe Tendenzen, die ich in meiner Begegnung mit Paaren in der Beratung immer wieder finde und von denen ich glaube, dass sie biologisch bedingt sind. Ich habe dabei hauptsächlich die jungen Ehen im Auge.
Der Mann – ganz allgemein betrachtet – ist eher nach ‚außen' gerichtet. Er ist aktiv in der Arbeit, in der Konkurrenz

145

mit anderen Männern. Aktiv im Geld verdienen, im Behaupten seines Statuses, im Haus bauen, in seiner Rolle als Ernährer und Beschützer.

Die Frau ist eher auf das ‚Nest‘ gerichtet. Kinder austragen, gebären, versorgen, erziehen und ein wohnliches Zuhause schaffen. Ich verwende das Wort ‚Nest‘, um die biologische Ebene zu betonen.

Kommt der Mann nach Hause, dann ist er mehr als die Frau auf den Koitus – den Geschlechtsverkehr im engeren Sinne – ausgerichtet; mit dieser, seiner Partnerin. Die Frau innerlich eingestellt auf das ‚Nest‘, ist mehr an Haushalt und Kinder orientiert. Sie will wohl auch den Geschlechtsverkehr, aber ihr Verlangen ist gekoppelt an das Verhalten des Mannes als Beschützer, Ernährer, Vater der Kinder usw. Ist ein Mann also kein guter Partner in obigem Sinne, dann gibt es wenig Sex. Sie findet viele Möglichkeiten, die sexuellen Kontakte zu reduzieren. Sie ist dann abends noch lange mit ihren Pflichten ausgelastet und danach noch lange im Badezimmer, bis er müde und eingeschlafen ist. Dann kommt sie auch.

Ein junges Paar – er 24 Jahre, sie 22 – saß mir in einer Beratung gegenüber. Sie sagte: „Wenn du nicht zärtlich zu mir bist, kann ich nicht mit dir schlafen.“ Er reagierte prompt: „Wenn ich nicht mit dir schlafen darf, kann ich nicht zärtlich zu dir sein.“ Das ist gut auf den Punkt gebracht. Beide sprechen hier über die Quelle ihrer Liebesfähigkeit. Eine andere Formulierung für denselben Inhalt fasst folgende Abbildung zusammen:

146

| | Mann | Frau |
|---|---|---|
| Ausgerichtet auf | • Koitus | • Nest<br>• Koitus abhängig von seinem Verhalten. |
| Quelle der Liebe | • Sex<br>• Sexuell akzeptiert sein | • Zuneigung, Unterstützung, Schutz, Sicherheit, Zusammenarbeit, Anerkennung, Zärtlichkeit |

Es ist eine wichtige Grundannahme, dass die Quelle der Liebe für jeden eine andere ist. Für den Mann ist es die ruhige, selbstbewusste Sicherheit, dass er von seiner Frau in seiner Sexualität akzeptiert ist und seine sexuellen Bedürfnisse leben kann. Für sie ist es das tiefe Gefühl der Zugehörigkeit, das aus seinem Verhalten der Zuneigung entsteht. Wenn der Mann über seine Frau sagt: „Meine Frau will immer nur das eine", hat er genauso recht wie die Frau, die sagt: „Mein Mann will immer nur das eine", obwohl beide etwas anderes meinen. Wenn nun beide Parteien diese typische Veranlagung akzeptieren, können beide Frieden damit haben und einander besser verstehen. Der Mann kann „Sex" ohne Zärtlichkeit. Die Frau nicht gut. Die Frau kann Zärtlichkeit ohne Sex. Der Mann kann das nicht gut. Ein Mann sagte mir: „Meine Frau will, dass ich abends mit ihr nackt auf der Couch liege und dass wir uns streicheln, aber sie will nicht mit mir schlafen. Wo soll ich dann mit meiner Erektion hin?" Diese Überlegungen können uns Richtung geben, wie jeder auf die Grundbedürfnisse des anderen Rücksicht nehmen kann. Nachdem wir die unterschiedliche Ausrichtung akzeptiert haben, gibt folgende Aussage – auch wenn sie nicht sehr elegant klingt – die Richtung an: „Der Mann bekommt Sex

für Zärtlichkeit, die Frau bekommt Zärtlichkeit für Sex."
Anders gesagt: Jeder bekommt das, was er braucht, wenn
jeder dafür sorgt, dass der andere zufrieden ist. Das setzt aber
Interesse für die Bedürfnisse des anderen voraus. Wenn jeder
hauptsächlich auf sich selbst bezogen bleibt und nicht die
Bedürfnisse des anderen sieht, dann kommt man in ein be-
kanntes Muster hinein: Der Mann kommt von der Arbeit
außen, vom Geschäft, der Politik, oder vom Joggen oder aus
der Gastwirtschaft nach Hause, will sein Essen, seinen Sex,
dann schlafen oder wieder arbeiten. Er meint, dass seine
Verantwortung dort aufhört, wo er die Rechungen bezahlt
hat. Wenn die Frau konzentriert ist auf ihren eigenen Teil,
dann kann man sie finden in ihren Bemühungen für die
Wohnung, für die Kinder und sie meint, dass ihre Verantwortung dort aufhört, wo sie sich selbst als gute Hausfrau
und gute Mutter empfindet. Sie erwartet, dass ihr Mann die
Rechnungen bezahlt, dass er ihr im Haushalt hilft, dass er sie
bei der Kindererziehung unterstützt – bitte in der Art, wie sie
es ihm vorschreibt – und weiter soll er sie nicht belästigen;
jeder sexuelle Wunsch ist ihr zu viel, es sei denn, sie ist
selbst dazu in Stimmung.
So müht sich jeder ab für die physischen Bedürfnisse, und
diese werden dann auch erfüllt, aber psychologisch kommen
sie beide durch und durch zu kurz. Ich will damit sagen, dass
wenn jeder auf dem von der biologischen Veranlagung gege-
benen Gebiet bleibt, dann können sie beide wohl viel leisten
und etwas aufbauen, aber sie sind im Grunde beide zusammen einsam. Einsam zu zweit. Hier kommen wir an, wenn
das Interesse für den eigenen Tätigkeitsbereich größer ist, als
für die Person des Partners.
Dabei brauchen wir natürlich – jeder von uns – beides. Der
Mann braucht es, sexuell akzeptiert zu sein, dann hat er sein
Selbstvertrauen, und dann kann er auch zärtlich sein. Aber er
braucht auch eine Atmosphäre der Sicherheit, der Freundschaft und der Zärtlichkeit. Und die Frau will neben der An-

erkennung und Unterstützung von ihm auch sexuell akzeptiert sein.

Ich stelle immer wieder fest, dass wenn es Schwierigkeiten gibt in irgendeinem Bereich im Leben der Partner, dass diese sich dann sehr leicht auf den sensiblen Bereich Sexualität auswirken. Wenn es Schwierigkeiten gibt, geht oft die Zuneigung im Sinne von Nähe, von Ermutigung, von Unterstützung usw. verloren, während das Kritisieren, das Rechthaben-wollen, das Rechtfertigen zunimmt. Dann gehen auch die Zärtlichkeit und die Sexualität verloren. Jeder fühlt sich dann irgendwann benutzt. Der Mann fühlt sich von der Frau benutzt. Er sagt: „Ich bin im Grunde nur gut genug um Geld zu verdienen, aber es gibt keine Liebe!" Er meint Sex. Und sie sagt: „Ich fühl mich ausgenutzt, denn er kommt nach Hause, will essen, dann will er mit mir schlafen und dann will er wieder gehen, aber es gibt keine Liebe!" Sie meint Zärtlichkeit, Verständnis, Anerkennung. Beide fühlen sich benutzt! Jeder kann aber dafür sorgen, dass der andere zufrieden ist, im Verständnis für das Anderssein.

## Zeit

Um nun die Verbindlichkeit und die anderen Faktoren zu pflegen, braucht ihr ja auch Zeit, Zeit füreinander! Auch Zeit, allein als Paar, ohne Kinder zu verbringen. Ich vertrete die Meinung: „Hast du keine Zeit, dann hast du kein Interesse!" Wir haben immer Zeit, für Dinge, die uns wirklich interessieren. Keine Zeit – kein Interesse. Keine Zeit für die Kinder – kein Interesse für die Kinder! Keine Zeit für den Partner – kein Interesse für den Partner! In jüngeren Partnerschaften, wo beide Partner arbeiten, ist es nicht immer leicht, aber ihr könnt es organisieren! In Amerika hat man für dieses Syndrom der heutigen Zeit das Wort *T I N S* geprägt. Es steht für: **T**wo **i**ncome **n**o **s**ex. Ich habe es für den deutschen Sprachraum etwas abgeändert in: *Z E K Z* : **Z**wei **E**inkommen und keine Zeit. Man muss sich überlegen, ob es sich lohnt, so viel zu schuften, zu rennen, zu arbeiten und vieles, was die gemeinsame Lebensqualität erhöhen könnte, auf „später" zu vertagen. Findest du Möglichkeiten, um mehr Zeit miteinander zu haben? Was ihr mit der gemeinsamen Zeit machen könnt, steht in dem Kapitel „Zuneigung", „Kennen lernen" und „Übungen". Manchmal, in einer Beratung, sage ich zu einem Paar: „Ich gebe Ihnen als Hausaufgabe mit, dass Sie in absehbarer Zeit ein Wochenende zu zweit in einem Hotel verbringen." Dann sprechen wir über die Modalitäten. Sie sollen nämlich das Hotel reservieren und vorher bezahlen, damit sie keinen Rückzieher machen; sie sollen dort anrufen, und den Hotelbesitzer bitten, das Fernsehgerät aus dem Zimmer zu entfernen; Laptop und Zeitung bleiben zu Hause. Dann sitzen die beiden da und fragen: „Was sollen wir denn machen?" Wir sind so in diese Art von Zeit-Füllungen mit Fernseher, PC und anderen Medien hineingewachsen, dass wir oft nicht mehr wissen, was wir machen sollen, wenn wir zusammen alleine sind.

## „Ja" sagen

Die Zeit, die wir miteinander verbringen können, kann sinnvoll sein, wenn wir „ja" zueinander gesagt haben. Ich hatte vor einiger Zeit mit einer Gruppe von jungen Unternehmern zu tun. Einer der Teilnehmer war deutlich erkennbar an seinem „Nein". Er saß immer ein bisschen abgewandt, mit dem Stuhl nach hinten gelehnt, mit seinem Blick irgendwo anders als bei dem Leiter, von wo die Informationen kamen und er demonstrierte mit seiner ganzen Haltung: „Ich bin nicht einverstanden. Ich will nicht. Das interessiert mich nicht." In den Pausen äußerte er im Gespräch mit anderen, die er offensichtlich auch beeinflusste, dass er nicht einverstanden sei und was ihm nicht passte. Im weiteren Verlauf des Seminars machte ich das zum Thema und sprach über diese Haltung der Verneinung. Ich sagte: „Jetzt kommen Sie von überall her, bezahlen eine Menge Geld und nun sitzen Sie da und sagen innerlich nein. Wenn Sie von mir etwas lernen wollen, dann können Sie am meisten von mir haben, wenn Sie sich nach vorne lehnen und gemeinsam die Atmosphäre der Gruppe auf eine höhere Ebene bringen, indem Sie konstruktiv mitarbeiten. Dann komme auch ich in eine gute Form. Dann habe ich am meisten zu bieten. Aber wenn ich weiß, da ist einer der meckert und nörgelt, der hat keine gute Laune, kritisiert und zieht auch andere nach unten, dann bin ich auch gehemmt, denn dann denke ich: „Ich muss aufpassen, was ich sage, sonst ... Dadurch geht Kreativität und viel Energie verloren."

Das ist in der Partnerschaft auch so. Der eine sagt nein zum Sex oder den Schwiegereltern, der andere sagt nein, wenn es um Geld und Kaufen geht, oder zu den Methoden der Kindererziehung. Dieses ‚Nein' kostet so viel Energie. Das weißt du. Wenn ihr Probleme anerkennt und somit ‚ja' dazu sagt, braucht ihr keine Mauer zu bauen. Ihr könnt gemeinsam einen neuen Kurs finden.

Er sieht gerne fern. Sie ist dagegen, ist sauer, nörgelt und zieht sich von ihm zurück. Sie straft ihn, indem sie nicht mit ihm schlafen will. Das Thema ‚Fernsehen' ist in ihren Gesprächen ein heißes Eisen geworden. Er hat Schuldgefühle, will aber in diesem Machtkampf nicht nachgeben. Er verhält sich aggressiv. Sie wachsen auseinander. Eines Abends setzt sie sich auf die Couch neben ihn, lehnt sich an und interessiert sich für das Fernsehprogramm. Er entspannt sich. Sie sprechen nicht, sind aber ruhig, friedlich zusammen. Danach sprechen sie noch über das Programm. Er sagt, wie er sie liebt und bedankt sich, dass sie mitgeschaut hat. Danach haben sie miteinander geschlafen und hatten eine gute Nacht.

Ihr könnt gemeinsam zu einem guten Eheberater gehen oder sonst wie Hilfe suchen, wenn einer von beiden mit einem chronischen ‚Nein' lebt. Die Haltung des Abblockens und

Dagegenseins ist so zerstörerisch. Wenn man ‚ja' sagt und innerlich zusammenbleibt, dann kann man sachlich über alles sprechen – auch über die Sexualität, auch über das Anderssein, auch über Fluchtwege. Dann ist die Energie für die Lösung frei anstatt gebunden an Vermeidungsversuche.

## Verhaltensmuster während des Geschlechtsverkehrs

Mit dem Wort Geschlechtsverkehr, meine ich den ganzen Prozess des Zusammenseins (nach Masters/Johnson 1980), der anfängt mit der psychologischen Erregung. Dann das Vorspiel, der Koitus, das Nachspiel und die schöne Zeit danach, die man auf englisch „afterglow" nennt. Es ist das stimmungsvolle Zusammensein wie bei einem schönen Sonnenuntergang. Der Koitus, wovon ich am Anfang dieses Kapitels sprach, ist nur ein Teil des Geschlechtsverkehrs. Laut Duden heißt Koitus der Geschlechtsakt, der in der genitalen Vereinigung der Partner besteht. Anders gesagt: Der Koitus ist die Zeit, in der der Penis in der Vagina ist.

### Der junge Mann

Das Verhalten des jungen Mannes ist gewöhnlich einfach und unkompliziert. Er ist ein Selbststarter und leicht erregbar. Die Aussicht auf den Koitus genügt ihm als Vorbereitung. Der Koitus ist für den Mann eine intensive erotische Erfahrung. Das muss auch so sein, denn ohne erotische Gefühle kann er keine Erektion haben, und ohne Erektion kann er nicht in die Vagina eindringen. Der Koitus kann dauern bis zum Orgasmus oder bis die Lust vorbei ist.
Der Orgasmus selbst ist für Mann und Frau ein unwillkürlicher Prozess. Wir können ihn nicht bekommen nur dadurch, dass wir wünschen einen zu haben oder wünschen einen zu verhindern. Dieser Mangel an Kontrolle führt bei manch

einem jungen Mann zu der Unfähigkeit, den Orgasmus hinauszuschieben; eine Fähigkeit, die man im Laufe des erwachsenen Lebens erlernt. Dies kann in einen frühzeitigen Samenerguss resultieren. Das ist aber keine Krankheit und nichts Anormales, denn in der Tierwelt ist es eher die Regel. In vielen Fällen kommt beim jungen Mann der Orgasmus früher als er es wollte, und manchmal kommt der Orgasmus sogar bevor der Koitus beginnt. Leider ist es so, dass je mehr er versucht den Orgasmus zu vermeiden, desto wahrscheinlicher ist es, dass er kommt, denn Spannungen und Ängste sind in diesem Falle keine Bremse. Nach dem Orgasmus lässt die Erektion nach und der Mann braucht eine bestimmte Periode der Ruhe, bis er die nächste Erektion haben kann.

## Verhaltensweisen der jungen Frau

Die Situation der jungen Frau ist wesentlich komplexer. Ich sprach am Anfang dieses Kapitels schon darüber, dass das Bedürfnis nach Koitus für die Frau nicht die erste Priorität hat wie bei dem Mann. Dies ist insbesondere der Fall, wenn ihre häuslichen und mütterlichen Aufgaben sie sehr beschäftigen, aber auch wenn das allgemeine emotionale Klima zu wünschen übrig lässt. Dann hat sie keinen Wunsch, kein Bedürfnis, mit ihrem Mann zu schlafen oder sogar Widerwillen dagegen.
Für den Mann ist der Koitus zwingend gebunden an seinen Wunsch nach Geschlechtsverkehr. Für die Frau ist das nicht der Fall. Der Koitus kann im Prinzip immer stattfinden, d.h. in vielen verschiedenen Stimmungslagen. Es ist also nicht selbstverständlich dass für die Frau der Koitus an erotische Gefühle gebunden ist. Diese Gefühle müssen ‚gemacht' oder irgendwie arrangiert werden.
Für den Mann endet der Koitus im Normalfall in dem Orgasmus. Für die Frau ist das nicht selbstverständlich der Fall.

Der Koitus kann für die Frau eine unvollständige erotische Erfahrung sein, wenn der Mann seinen Orgasmus hatte bevor sie ihren hatte. Das ist logisch, denn der Mann bekommt seinen Orgasmus durch die Bewegung in der Vagina. Die Frau bekommt ihren Orgasmus durch die Bewegung der Klitoris. Diese wird aber nur indirekt stimuliert beim Koitus. Für den Mann kann es hilfreich sein zu wissen, dass die Klitoris ähnlich angelegt ist wie der Penis. Ihre einzige und ausschließliche Funktion ist die Lusterregung beim Geschlechtsverkehr. „Die durchschnittliche Länge der Klitoris im Ruhezustand beträgt weniger als 2,5 cm und der größte Teil davon liegt verdeckt. Im Erregungszustand kann sich ihr Umfang jedoch fast verdoppeln. In gewisser Hinsicht kann man die Klitoris mit einem kleinen Penis vergleichen, denn auch ihre Glans[*] – die Spitze der Klitoris – wird von vielen Nervenendungen versorgt, was sie besonders berührungsempfindlich macht. Anders als der Penis tritt die Klitoris jedoch im Erregungszustand nicht hervor, sondern sie zieht sich hinter ihre Vorhaut zurück. Sie ist durch mechanische Reize sehr leicht erregbar." (Haeberle, E. J. 1983).
Ein bedeutender Einfluss auf das Verhalten beim Geschlechtsverkehr ist die verschiedene sexuelle Geschichte von Mann und Frau. Der junge Mann erlebt in der Pubertät ganz natürlich eine Erektion und den Samenerguss, z.B. in nassen Träumen. Das sind für ihn positive Erfahrungen. Sie geben ihm ein gutes Gefühl, wenn ich die belastenden Einflüsse einer falsch verstandenen moralischen Erziehung außer Acht lasse. So lernt er früh, was in seinem Körper passiert, was er tun muss um gute Gefühle zu haben und was der Wunsch nach Geschlechtsverkehr in ihm bewirkt. Für die Frau ist das anders. Wenn sie sexuell erwachsen wird, durch die Veränderung in ihrem Körper, lernt sie nichts über Geschlechtsverkehr. Sie lernt ihre sexuellen Reaktionen nur

---

[*] Eichel

kennen, wenn sie sexuell aktiv wird durch Masturbation oder mit einem anderen. So lernt sie also später als der Mann über diese Vorgänge. Manche Frauen haben gar keine sexuellen Erfahrungen, auch nicht gefühlsmäßig vor ihrer Ehe. Sie weiß verstandesmäßig, was Geschlechtsverkehr ist, aber lernen kann sie nur durch die Erfahrungen, die sie macht. Sind die Erfahrungen positiv, dann sieht sie dem Geschlechtsverkehr positiv entgegen. Sind die Erfahrungen eher negativ, dann wird sie den Geschlechtsverkehr eher vermeiden wollen. In einer Ehe kann es Monate dauern bis sich ihre negative Erwartungshaltung durch geduldiges und taktvolles Verhalten des Mannes ändert. Sie braucht neue Lernerfahrungen um alte schlechte Erfahrungen zu heilen. Eine Frau sagte mir: „Meine erste Erfahrung war mit meinem Vetter als ich vierzehn war. Ich war zwar nicht dagegen, aber er hat mich mit Gewalt ausgezogen, dann hat er mir weh getan, hat mich zwei Mal in die Schulter gebissen, dann einige Male gestöhnt und das war's dann. Ich hab mich seither nie mehr danach gesehnt."

Mit diesem Verständnis im Hintergrund können Mann und Frau sich liebevoll bemühen, ein immer größeres ‚Bankkonto' an positiven sexuellen Erfahrungen zu füllen.

Es ist für Männer oft schwer zu verstehen, dass alles Vorspiel und alle Techniken nicht helfen. Manche kaufen Bücher und verhalten sich genau nach den Regeln, die dort beschrieben sind. Sie vergessen aber, dass die wichtigste erogene Zone, der Hauptschalter, im Gehirn ist. Die Frau braucht zwar ein intensives Vorspiel bis sie voll erregt ist, aber wenn der Kopf anderswo ist, dann kann nichts passieren. Nicht die Technik ist das wichtigste, sondern das unmissverständliche Signal: „Du bist die Wichtigste in meinem Leben", „du bist für mich etwas Besonderes und ich liebe dich". Diese Signale machen erst andere erogene Zonen erotisch reizbar. Und übrigens, ... keine ‚Sex-Technik' kann eine emotional kalte

Beziehung ersetzen. Im Bett kann nur gut sein, was vor dem Bett gut war.

Bei all diesen Aspekten die den Geschlechtsverkehr zwischen Mann und Frau schwierig machen, kommt dann noch, dass normalerweise der Mann seinen Samenerguss relativ schnell haben kann, wogegen die Frau länger braucht für einen Orgasmus. Man spricht von etwa drei Minuten beim Mann und zwölf bis fünfzehn Minuten für die Frau. Darin gibt es erfahrungsgemäß große Spielräume. „Wenn (...) eine Frau die von ihr bevorzugte Form sexueller Stimulation erfährt (...), erreicht sie ebenso schnell den Orgasmus wie der Mann." (Haeberle 1983). Nach den vorhergehenden Informationen kannst du also sicher sein, dass ihr mit euren Problemen nicht alleine seid. Der Mann kann nach dem Koitus die Klitoris der Frau stimulieren um sie zum Orgasmus zu bringen. Die Frau kann das auch alleine machen, wenn sie dabei alleine gelassen wird. Aufgrund der penisartigen Form, die ich beschrieben habe, ist die Auf- und Ab-Bewegung günstiger als hin und her.

Menschen müssen miteinander sprechen. Männer müssen ja nicht wirklich alles wissen über Geschlechtsverkehr. Wie sollten sie. Also lieber fragen, wie, wann und wo sie es gerne hat und umgekehrt natürlich auch. Eine Frau sagte mir: „Mein Mann ist ein guter Techniker, aber er hat wenig Fingerspitzengefühl." Generell kann man sagen: leichte Berührungen, leichtes Streicheln mit weniger Druck ist mehr als mit Kraft ausgeführte Streicheleinheiten.

Es gibt Frauen, die sagen, dass sie nicht unbedingt einen Orgasmus brauchen, wenn das Zusammensein schön ist. Wenn deine Partnerin das sagt, dann nimm an, dass das auch so ist.

Mann und Frau sind anders. Für die Frau hängt also viel ab von dem allgemeinen emotionalen Klima, von der Lust im Moment, von äußeren Störungen, vom Alter, von frühen

Erfahrungen und von der Liebesfähigkeit des Partners. Über all diese Themen sollt ihr miteinander sprechen. Denn, ob es dir als Mann gefällt oder nicht, so hat Gott die Frau gemacht und sie ist deine Chance für euer gemeinsames Wachstum. Geht man an diesen Themen vorbei, dann kann der Koitus für sie unangenehm bis schmerzlich sein. Wenn diese Bedingungen stimmen und sie ist durch das Vorspiel bis kurz vor dem Orgasmus erregt und wenn der Koitus lange genug dauert, dann könnt ihr vielleicht zusammen zu einem gemeinsamen Orgasmus kommen.

Ein 75-jähriger Mann geht zum Urologen mit der Bitte, seinen Geschlechtstrieb etwas niedriger zu machen. Der Arzt: „Sie sind 75 und wollen ihren Geschlechtstrieb *niedriger* haben?" Patient: „Ja, ich habe bis jetzt alles hier." (zeigt auf seinen Kopf).

## ... Und in den späteren Jahren?

Bis hierher sprach ich hauptsächlich über das Verhalten bei jüngeren Männern und Frauen. Die Muster ändern sich beim Älterwerden, wie alle körperlichen Funktionen. Alles geht langsamer. Das bedeutet nicht, dass es aufhört. Ein gesunder junger Mann kann joggen. Ein Mann von 80 Jahren kann – vielleicht mit etwas Hilfe und Ermutigung – langsam gehen.

Ein Mann um die 60 wird nicht so schnell seinen Orgasmus erreichen als ein 20-Jähriger und es wird ihn auch nicht so tiefgründig erschüttern, aber es wird ihm noch viel Freude machen.

Die Frau, auch älter geworden, kann oft Sex mehr genießen als in den unerfahrenen jüngeren Jahren. Die Gefahr von Schwangerschaft ist vorbei und die Störungen, die die Kinder verursachten, gehören der Vergangenheit an. Es gibt weniger, was sie ablenkt und mehr gute Erfahrungen, die ihr helfen. So kann die Sexualität also interessanter und erfreulicher erlebt werden als in früheren Jahren. Man kann davon ausgehen, dass der Mann ein geduldigerer und fähigerer Liebhaber geworden ist. Beide passen sexuell besser zusammen. Das ist doch ein gute Nachricht, oder? Trotzdem müssen beide etwas lernen. Beide müssen sich darauf einstellen, dass er mehr Zeit braucht. Mehr Zeit um in Stimmung zu kommen und mehr Zeit um in Aktion zu kommen. Auch wird er etwas Vorspiel brauchen, um völlig erregt zu sein. Mann und Frau gleichen sich an. Die Frau kann die Kunst erlernen, ihn an der richtigen Stelle zu streicheln. Das Gespräch miteinander darüber wird zunehmend wichtiger.

Beide werden sich auch bewusst werden, dass sie die richtigen äußeren Umstände brauchen und Zeit und Ort genauer bestimmen. Wenn den obigen Bedingungen nicht Rechnung getragen wird und zusätzlicher Druck bzw. Erwartungen bestehen, können beide mit dem Problem seiner Impotenz konfrontiert werden.

## Impotenz

Impotenz bezieht sich auf die Unfähigkeit, eine Erektion hervorzurufen und lange genug zu halten, um den Penis in die Vagina zu bringen. Impotenz kann situativ oder dauerhaft sein. Situative Impotenz erlebt jeder mal, früher oder später. Es ist nichts Alarmierendes. Für dauerhafte Impotenz kommen physische oder psychische Faktoren in Betracht. Chronische Müdigkeit und Medikamente – insbesondere blutdrucksenkende Mittel – können Ursache sein. Auch Rauchen, übermäßiger Alkoholgenuss und Übergewicht. Die psychischen Faktoren sind leicht erkennbar, wenn die Zuneigung in der Ehe fehlt. Die Impotenz ist dann das Endprodukt einer Beziehung mit ungelösten Konflikten. Das Erinnerungsbankkonto des Mannes ist voll von negativen sexuellen Erfahrungen. Es ist als würde er – ohne sich dessen bewusst zu sein – entscheiden, dass er es nicht wert ist. Manche sind froh, nicht mehr zu können, wenn sie an die Frustration danach denken. In anderen Fällen kann auch ein tiefes Minderwertigkeitsgefühl, das seine Wurzeln in der Kindheit hat als Ursache für den Zweifel an die eigene Männlichkeit angesehen werden. Aber auch in einer emotional völlig intakten Ehe kann Impotenz vorkommen und nach einigen Monaten ist alles wieder normal. Das – so ist leicht zu verstehen – passiert dann, wenn man die Unfähigkeit zur Erektion nicht so wichtig macht. Er ist selbstbewusst genug um seinen Selbstwert damit nicht zu verknüpfen, und sie ist weise genug um verständnisvoll und geduldig zu sein. Beide drücken Vertrauen aus, dass alles wieder normal werden wird, und machen klar, dass es kein großes Problem ist. Das ist eine günstige Situation, denn gerade jetzt braucht der Mann eine gute Freundin.

Ist die Art des Umgangs weniger glücklich, d.h. weniger verständnisvoll, dann wird die Impotenz zu einer, dem Selbstrespekt bedrohenden Erfahrung für den Mann. Die Intensität dieses Angstgefühls scheint für jeden Außenstehenden übertrieben, aber für ihn ist sie eine Realität. Er lebt mit der Angst, das nächste Mal wieder zu versagen. Anstatt entspannt und spielerisch zur sexuellen Intimität zu kommen, wird das Ganze für ihn eine Aneinanderreihung von Forderungen und Prüfungsaufgaben. Auf dem Prüfstand steht seine Männlichkeit, seine Identität! Angst und Zweifel beherrschen ihn. Die Erektion ist keine automatische Reaktion mehr. Sie wird Aufgabe, Arbeit, Anstrengung und dabei ist er sich nicht sicher, dass er es überhaupt schafft. Je mehr Sorgen er sich macht, desto schlimmer wird die Störung.

Geduld, Annahme, Verständnis, Zuneigung sind hier gefragt, sonst kommt ein Kreislauf in Bewegung, der der Partnerschaft ernsten Schaden zufügen kann. Wir erkannten schon wie Angst vor Versagen gerade zu Versagen führt und dieses wiederum die Angst vertieft. Wenn ihr als Paar nicht liebevoll zueinander seid und das Thema nicht liebevoll besprechen könnt, dann wird der Mann aus Angst vor Versagen den Geschlechtsverkehr vermeiden. Das führt zu einer Einschränkung der Kommunikation und zum Verlust von Nähe und Zärtlichkeit.

Das folgende Schaubild macht die Kreisläufe deutlich:

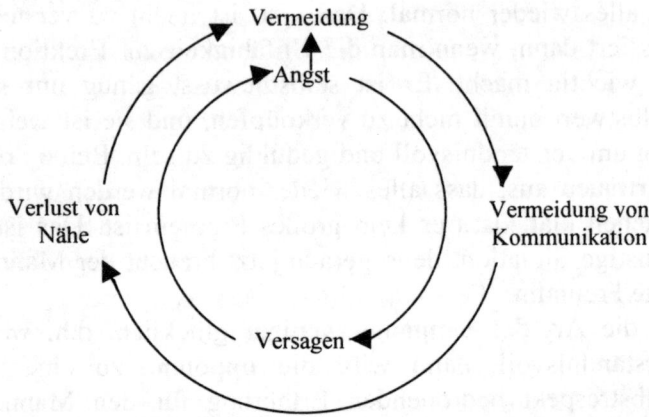

So seid ihr auf dem Weg, auseinander zu wachsen, abgeschnitten von psychischer und physischer Nähe. Ihr seid zwei einsame Individuen. Die Sexualität hat euch getrennt, anstatt euch zu verbinden und heilend auf euer Leben einzuwirken. Ich weiß, dass gute Gespräche diese Wunden heilen können, aber es kann sein, dass ihr dafür eine individualpsychologische Beratung braucht. Es ist aber genau so gut möglich, dass die Potenz nicht vollständig zurückkommt z.B. wenn Krankheit oder Medikamentengebrauch die Ursache sind. In so einem Fall könnt ihr als Paar lernen, damit zu leben, genauso wie ihr mit anderen Einschränkungen lebt.

Es ist in allen Lebenslagen wichtig, sich keine Sorgen zu machen, sich nicht auf Leistung zu konzentrieren und Durchschnittszahlen von Statistiken zu studieren. Darin findet ihr weder eure Normalität noch euer Glück. Sucht die körperliche Nähe und Zärtlichkeit und die seelische Einheit durch

Denken in Zuneigung. Das hält ‚ewig'. Das kann man immer haben und immer teilen, lange nachdem der letzte Orgasmus eine vage Erinnerung geworden ist. Eure Beziehungsqualität, eure Liebe wird dann nicht leiden unter einem Mangel an Sex. Wichtig ist, dass ihr euch gegenseitig ein gutes Leben ermöglichen wollt, mit den Möglichkeiten, die ihr in gerade dieser Lebensphase habt. Eure Liebe wird stark sein und weiterwachsen. Das ist auch Ehe.

Nun sprechen wir bei Impotenz und Frigidität in Begriffen, die eine Krankheitsdiagnose darstellen. Je mehr wir aber die vielen möglichen Faktoren, die Impotenz und Frigidität verursachen können, erkennen, desto eher können wir dazu kommen, diese Begriffe für den Sprachgebrauch der Fachärzte und Psychotherapeuten aufzuheben.

Im täglichen Sprachgebrauch sind die Wörter oft abwertende Etikette. Wenn die Begriffe Impotenz und Frigidität als Vorwurf unter Partner verwendet werden, dann fehlt die emotionale Wärme, wo das umgekehrte möglich wäre; und dann sagen die Wörter mehr über die Liebesunfähigkeit des Angreifers als über den Betroffenen.

161

# Teil V

## Noch mehr Praxis
– Ihr könnt noch viel zusammen machen –

### Einführung

Wenn ihr so weit seid, dass ihr neu anfangen wollt, dann setzt euch zusammen, schaut euch in die Augen und sagt: „Wir wollen einen neuen Anfang machen." Setzt bei allem, was ihr hiernach an Übungen durchführen werdet, die gute Absicht des Partners voraus. Überlegt noch einmal, dass die Partnerschaft viel schöner, glücklicher und kraftbringender sein kann, wenn ihr euch nicht um euer Recht kümmert und um das, was der andere tun sollte. Richtet euch auf Zuneigung, auf Verzeihen, auf Ermutigen, auf Fehler übersehen aus und bemüht euch, einander zu verstehen. Ihr habt eine wunderbare Zeit vor euch, wenn ihr euch beide das Ziel setzt, euer Verhältnis zueinander lebendig zu halten und daran zu arbeiten, dass es von Jahr zu Jahr besser wird. Ihr werdet dann gerne zusammen sein, Verschiedenes gemeinsam unternehmen und über alles sprechen, was euch beschäftigt. Ihr habt jetzt die Möglichkeit, eure Anfangsliebe wieder aufflammen zu lassen, sie durch eure persönliche Reife und Weisheit zu bereichern und so auch die sexuelle Beziehung befriedigender zu gestalten, sowohl in Bezug auf die innere Einstellung als auch auf die körperliche Aktivität.

Auch ihr werdet Zeiten erleben, in denen ihr unter dem Druck des Alltags steht, und in denen ihr euch zu wenig Zeit nehmt für das Kostbarste, das ihr im Leben habt, nämlich eure Partnerschaft. Aber ihr könnt mit den nachfolgenden Übungen immer wieder einen Neuanfang schaffen. Diese Übungen können wirkungsvoll sein, wenn ihr folgende Grundsätze beachtet:

➤ Sorgt bei den nachfolgenden Übungen für eine gute Atmosphäre. Lasst die Spielregel nicht zum Anlass für Kampf und Streit werden, sonst werden die Übungen selbst zu einem negativen Anker. Wenn die Bereitschaft zur Verbesserung eures Verhältnisses euch zu den Übungen führt, und trotzdem Spannungen entstehen, dann haltet einen Augenblick inne, redet nicht mehr, sondern schau den Partner an. Lass ihn in Ruhe auf dich wirken in dem Bewusstsein, dass auch er an der jetzigen Situation leidet, aber im Moment nicht weiß, wie er dir zeigen kann, dass ihm die Beziehung wichtiger ist als der momentane Streitpunkt. Denk nicht: „Der will sowieso nicht", sondern lass den Partner noch einen Moment auf dich wirken. Vielleicht stellt ihr fest, dass ihr euch schon lange nicht mehr angeschaut habt. Manchmal führt dieses Anschauen zu einem Verlegenheitslächeln, manchmal auch zum Weinen oder zu einer Umarmung. Wenn es trotzdem zu einem Streit kommt, dann geht lieber auseinander. Morgen kommt wieder ein neuer Tag. Wenn ihr euch bemüht und wirklich den Frieden wollt, findet ihr schon die Form, die zu euch passt. Manch einer erlebt die angestrebte gute Atmosphäre eher außerhalb als innerhalb des Hauses. Wir, Julitta und ich haben oft gute Gespräche, wenn wir zusammen in einem Café oder Restaurant sitzen. Dann kommen uns die tollsten Gedanken. Auch gemeinsame Spaziergänge regen uns sehr an und vereinfachen offene Aussprachen. Die Übungszeit zu Hause verschönern wir uns gerne mit einer Kerze, etwas zum Trinken und zum Knabbern.

➤ Zeit und Ort müssen nicht nur gemeinsam bestimmt werden, ihr müsst auch dafür sorgen, dass ihr wirklich ungestört sein könnt. Man kann den Telefonhörer abhängen, man kann den Kindern klar machen, dass, wie sie selbst Zeit zum Spielen und Zeit für ihre Freunde und Freundinnen haben, auch Vater und Mutter ein Anrecht darauf haben, wenigstens einmal in der Woche ihren Rendez-vous-Abend zu gestalten. Für manche Paare ist es besser, wenn sie einen festen Abend in der Woche für die Arbeit an ihrer Beziehung festsetzen. Andere haben grundsätzlich Schwierigkeiten, sich festzulegen, und vereinbaren lieber kurzfristig einen Termin.

➤ Da die meisten Paare nicht richtig miteinander sprechen können, können die schriftlichen Übungen eine gute Lösung sein. Im Schreiben ist man allein mit seinen Gedanken; man kann bei der Formulierung etwas ruhiger und länger nachdenken, die Reaktion des Partners führt uns nicht zu Äußerungen, die wir später bereuen würden, und manch einer kann seine Gedanken besser ordnen, weil er nicht so leicht wie im spontanen Gespräch abschweift. Viele Menschen können Zärtlichkeiten besser schriftlich ausdrücken als aussprechen. Wenn man den geschriebenen Text des Partners liest, kann man ihn ruhiger wirken lassen, ohne sofort reagieren zu müssen und so auch eher verstehen, was eigentlich hinter der geschriebenen Information steckt. Man reibt sich nicht so leicht an einem geschriebenen Wort.

➤ Es kann sein, dass einer von euch gerade mit dem Schreiben Schwierigkeiten hat. Manchen Menschen, insbesondere denen mit der Priorität Kontrolle fällt es schwer sich festzulegen; sie erleben das, was sie schreiben, als verbindlich. Sie befürchten, dass sie das, was sie heute schreiben, morgen schriftlich vorgehalten bekommen. Andere erinnern sich überhaupt an schlechte Erfahrungen in der Schule mit dem Schreiben oder mit dem Verfassen von Aufsätzen. Es wäre gut, gerade das, was schwierig für euch ist, ein paar Mal zu üben. Sonst ... beschränkt euch auf die mündlichen Übungen.

➢ Wenn ihr die Übungen machen wollt, dann kauft euch eine Eieruhr und ein schönes Heft, genannt das „Wachstumsbuch", packt das alles in eure Sehnsucht, einen Neuanfang zu schaffen und fangt an, besser heute als morgen! Ein Freund von uns verlor bei einem Unfall seine 33-jährige Ehefrau. Er schrieb uns: „Ich möchte allen sagen: Lebt eure Liebe füreinander jetzt! Wartet nicht auf bessere Zeiten; wartet nicht, bis Wunden, die ihr euch zugefügt habt, geheilt sind. Verzeiht euch jetzt, bedankt euch jetzt, berührt euch jetzt und erlebt tragische und freudige Ereignisse nicht erst morgen miteinander!"

# 1. Die Verbindlichkeit

## Die Beziehungsvision

Die Verbindlichkeit ist ein Bewusstsein, das erneuert und lebendig gehalten werden will. Als Ausdruck dieses Bewusstseins tust du, was du tun kannst und setzt die gute Absicht des Partners voraus.

Verbindlichkeit lässt sich mit Freude, Leichtigkeit und Dynamik leben, wenn ihr als Partner von einer Vision beseelt seid. Hier ist die Anleitung für eure Beziehungsvision:

➢ Jeder schreibt etwa 15 kurze Sätze, die seine Vision einer glücklichen Beziehung ausmachen. Schreibe darin Qualitäten, die du schon hast und auch solche, die du gerne hättest. Lass jeden Satz mit ‚wir' anfangen und schreibe

in der Gegenwartsform, so als würde es jetzt stattfinden. Z.B.: „Wir lachen zusammen."
„Wir arbeiten zusammen."
„Wir bringen unseren Kindern Vertrauen entgegen."
„Wir haben eine liebevolle sexuelle Beziehung."
➢ Tauscht jetzt eure Wachstumsbücher aus. Du darfst – das ist eine Spielregel – die Sätze im Buch des Partners, deren Inhalte du zur Zeit nicht mittragen kannst, durchstreichen. Was übrig bleibt, sind solche Aspekte eurer gemeinsamen Vision, zu denen ihr beide ja sagen könnt. Spannungsfrei!
➢ Stellt jetzt eine gemeinsame Beziehungsvision her, in der eure Sätze in einer Reihenfolge der Wichtigkeit nach aufgelistet sind.
➢ Macht eine schöne Darstellung dieser Vision, hängt sie irgendwo auf, wo ihr sie täglich sehen könnt und lest sie euch einmal wöchentlich vor.

## 2. Die Zuneigung

### Das Selbstgespräch[7]

Ähnlich wie das Verbindlichkeitsbewusstsein, ist das Denken, Fühlen und Handeln in Zuneigung eine Entscheidung, die im Denken ansetzt.
Laut geführte Selbstgespräche, aber auch Geschriebenes, sind verzögertes, nach außen gebrachtes Denken. So kannst du das Denken leichter lenken, sonst geht es zu schnell. Laut gesproche Gebete gehören auch in diese Kategorie.
Willst du für dich selbst **persönliche Ziele** formulieren und sie auswendig lernen? Dann hast du etwas, an dem du dich ‚festhalten' kannst, wenn du bewusst in Zuneigung denken willst. Mache es wie bei der Beziehungsvision:

166

> Schreibe etwa 15 kurze Sätze in der Gegenwartsform, die mit „ich" anfangen und deine persönlichen Ziele für die Partnerschaft ausdrücken.

Lass auch immer mal wieder den Namen oder Kosenamen deines Partners einfließen, damit es nicht so anonym bleibt:

Z.B.: „Ich lebe eine kreative Partnerschaft."

„Ich denke in Zuneigung."

„Ich habe keine Geheimnisse."

„Ich mache Andrea kleine Überraschungen."

„Ich ermutige sie."

„Ich interessiere mich für sie und höre aufmerksam zu."

„Bei Missverständnissen bleibe ich sachlich."

„Ich lasse Andrea ihren Weg gehen und bin für sie da, wenn sie mich braucht."

„Ich kann gut alleine sein."

„Ich fühle mich auch in meiner Partnerschaft für mich selbst verantwortlich."

> Formuliere sowohl Ziele, die du schon lebst als auch solche, die du noch erreichen willst.
> Lies diese Ziele jeden Morgen, am besten laut!
> Vielleicht genügen dir ein oder zwei Ziele. Solche Sätze, wenn sie große Bedeutung für dich haben, werden dich am Tag begleiten.

## Denken in Zuneigung – Der leere Stuhl

Laut geführte Selbstgespräche mit einem leeren Stuhl sind höchst effektiv. Du wirst erfahren, dass es etwas völlig anderes ist, ob du, wie üblich, über deinen Partner denkst, oder ob du bewusst das Umfeld gestaltest und dir Zeit nimmst für ein laut geführtes Gespräch mit dem abwesenden Partner auf einem leeren Stuhl.

➤ Stelle den leeren Stuhl so weit von oder so nah zu dir, wie es deinem inneren Gefühl der Fremdheit oder Nähe entspricht.

➤ Sprich laut über alles, was dein Gefühl der Zuneigung verstärken kann.

➤ Sprich über:
- das, was du gut an der Beziehung findest,
- das, was du gut / liebenswürdig an deinem Partner findest und was du schätzt oder bewunderst,
- das, wofür du dankbar bist,
- das, was dir leid tut,
- das, was du verziehen hast,
- deine Visionen und Hoffnungen,
- deine Liebe.

Siehe auch S. 62 ff

## Ermutigung in 3 Stufen

„Unsere Beziehung ist leichter geworden, seitdem mein Partner mich auch dann und wann zu einer Ermutigungsrunde einlädt. Wir – Christa und Anton – haben am Anfang unserer neuen kreativen Partnerschaft ein Mal in der Woche einen Ehe-Abend organisiert. Den Anfang machten wir immer mit „Ermutigung in 3 Stufen". Jetzt machen wir die Übung nicht mehr so oft, weil Ermutigung ein fester Bestandteil unserer Ehe geworden ist. Uns geht es gut."

➤ Setzt euch einander gegenüber, so nah wie es eurer inneren Nähe entspricht.

➤ Wer eine Ermutigung ausspricht, nennt zuerst den Namen des Partners.

➤ Ihr ermutigt euch abwechselnd zuerst auf der körperlichen Ebene – die 1. Stufe der Ermutigung.

➤ Dann ermutigt ihr euch für allgemeine Fähigkeiten und Qualitäten – das ist die 2. Stufe der Ermutigung.

➤ Danach sprecht ihr aus, was ihr in den letzten Minuten bis letzten zwei Tagen positiv wahrgenommen, geschätzt habt – das ist Ermutigung auf der 3. Stufe.

**Beispiele:**

**Zur 1. Stufe:**
- Toni, ich liebe deine Hände
- Bärbel, ich schaue dich gerne an
- Toni, ich rieche deine Haut so gern
- Bärbel, deine Augen zeigen viel Zuneigung

usw.

**Zur 2. Stufe:**
- Toni, ich schätze deinen Mut, auf Menschen zuzugehen.
- Bärbel, ich liebe es, wenn du Flöte spielst.
- Toni, ich finde, dass niemand so lebendig und anschaulich erzählen kann wie du.
- Bärbel, ich finde es gut an dir, dass du so viele verschiedene Aufgaben nebeneinander mit Ruhe erledigst.

usw.

**Zur 3. Stufe:**
- Toni, als du gerade sagtest, dass ich so viele Aufgaben nebeneinander erledigen kann, habe ich echte Bewunderung in deinen Augen gesehen. Das hat mir sehr gut getan.
- Bärbel, es hat mich beeindruckt, wie du gestern Abend auf Johannes eingegangen bist, als er nach einem Angsttraum aus dem Bett kam.
- Toni, als wir vorhin gemeinsam die Küche aufräumten, hast du so spontan „ich liebe dich" zu mir gesagt hast. Das hat mir ein ganz warmes Gefühl gegeben.
- Bärbel, ich habe mich sehr gefreut als du heute Morgen so fröhlich und gut angezogen aus dem Badezimmer kamst.

usw.

# Schriftliche Ermutigung

Die schriftliche Ermutigung ist die einprägsamste. Mit der Bereitschaft, den anderen zu ermutigen, und dem Spaß daran, wächst auch die Ermutigungsphantasie. Geschriebene, unerwartete Ermutigungszettel am Steuerrad des Wagens, auf dem Kopfkissen, im Kühlschrank, in der Zigarettenpackung, im Gebetbuch, in der Hosentasche sind immer willkommen. Paul erzählt: „Wenn ich allein auf Reisen bin, finde ich fast immer irgendwo ein Zettelchen, manchmal schön bemalt mit einem ausführlichen Text als Ermutigung. Wenn ich im Hotel meine Koffer auspacke, bin ich schon gespannt darauf, wo ich dieses Mal meine Überraschung finde oder ob Ingrid sie in der Eile vergessen hat. Sie schafft es meistens, eine Stelle zu finden, wo ich die Liebesbotschaft am wenigsten gesucht hätte, einmal sogar zwischen zwei Broten."

Sorgt dafür, dass ihr die Ermutigungen spezifisch formuliert. Wenn du meinst: „Ich finde gut, dass du mir eine gute Ehefrau bist", dann sage genau, worauf sich das bezieht und wann du das festgestellt hast.

Die Aussage „Es macht mich glücklich, dass du so verständnisvoll bist," ist eine allgemeine. Der Partner hört das sicher gerne, weiß aber wahrscheinlich nicht, worauf sich deine Bemerkung bezieht. Meinst du vielleicht: „Ich war neulich auf dem Geburtstag bei Ditzels ganz glücklich, dass du Verständnis für meine Meinung zeigtest, als der Hausherr meine politische Überzeugung ablehnte ..."? Dann sage das auch!

Wollt ihr es nicht einmal ausprobieren, wie die Kinder reagieren, wenn ihr mit Kritisieren aufhört und stattdessen öfters einen Zettel an die Pinnwand steckt mit einer Ermutigung für die Tochter oder den Sohn? Eine 17-Jährige sagte: „Seitdem ich durch die Ermutigungen meiner Eltern merke, dass sie nicht nur auf meine großen Erfolge schielen und über weniger enttäuscht sind, sondern mich wissen lassen, dass sie meine Versuche, meine Ansätze, meine Bemühungen sehen und schätzen, auch wenn nicht immer sehr viel dabei herauskommt, kann ich viel besser auf sie zugehen und sagen, dass ich sie lieb habe. Ich sage gerne, was ich gut an ihnen finde und fühle mich Zuhause so richtig daheim."[8]

„Mein Partner", sagte eine Freundin, „macht sich nicht viel aus Geburtstagen und ich weiß auch nicht so recht, was ich ihm schenken soll. Er hat ja alles. Zu seinem letzten Geburtstag schrieb ich ihm einen Ermutigungsbrief. Ich glaube, es hat ihm mehr bedeutet als andere Geschenke. Er hat ihn zwischen den PC-Disketten, die er immer in Gebrauch hat, aufbewahrt."

# 3. Das Kennen lernen

## Die Kommunikation verbessern

Es geht in der Kommunikation um das Empfangen einer Reaktion des anderen. Wenn es nicht darum ginge, würde es keiner Kommunikation bedürfen. Wir haben auf Qualität und Art der Reaktion nur durch unser eigenes Verhalten einen Einfluss. Wenn uns also die Reaktion nicht passt, dürfen wir dafür nicht die Schuld dem anderen zuschieben. Wenn wir nicht die Reaktion bekommen, die wir gerne haben wollen, dann können wir unser Verhalten ändern, bis wir die Reaktion haben, die wir möchten.

So haben wir es alle gemacht, als wir den jetzigen Partner umworben haben und ihn auf uns aufmerksam machten. Sprache, Blick, Haltung, Bewegung, Kleidung haben wir eingesetzt, um die erhoffte Reaktion der Zuwendung und Zustimmung zu bekommen. Auch jetzt noch machen wir es so, wenn wir jemanden für uns gewinnen wollen. Wer beruflich mit „Kunden" zu tun hat, kennt sich darin aus. In der Ehe ist es nicht anders.

Wenn du willst, dass der Partner dich versteht, musst du dich so ausdrücken, dass er dich verstehen kann. Versteht er dich nicht, dann probiere es noch einmal anders, bis er dich versteht. Du kannst zwar deinen Unwillen und deine Unfähigkeit, dich klar auszudrücken, dadurch verdecken, dass du die Ursache in seiner mangelnden Intelligenz oder mangelnden Bereitschaft zum Verständnis suchst, aber du selbst hast dann nichts gelernt. Wer besser kommunizieren will, muss lernen flexibler zu werden.

Es gibt Ehe-Therapeuten, die ihre Klienten für ein oder zwei Wochen zu einem Sprechverbot verpflichten, wenn diese sich über längere Zeit hinweg sehr verletzt haben und offensichtlich nicht miteinander sprechen können. Von dem Moment an müssen die beiden also ohne Worte miteinander kommunizieren. In vielen Fällen verstehen sie sich gut, aber es kommt vor, dass er versucht, ihr klarzumachen, dass sie aus der Stadt Zahnpasta mitbringen soll. Sie hat aus seinen Finger-Mund-Bewegungen etwas anderes verstanden und bringt im Pralinen mit. Sie möchte, dass er ihr nachher beim Haare waschen hilft und in der Annahme, dass er richtig liegt, bringt er ihr den Hut. Diese Erfahrungen sind unglaublich lehrreich, denn die beiden fangen bald an, zu verstehen, dass sie zwar auf die blöde Reaktionen des anderen schimpfen können, aber dass sie sich selbst anders ausdrücken müssen, wenn sie die richtige Reaktion herbeiführen wollen.

## Das ZübaMo

Setzt euch in einer gemütlichen Haltung zusammen. Wir – Julitta und ich – machen es so, dass einer am Ende der Couch sitzt und der andere liegt auf der Couch mit dem Kopf auf seinem/ihrem Schoß.

Komm zur Ruhe, atme ein paar Mal tief durch und achte darauf, was dir gerade so durch den Kopf geht, als Antwort auf die Fragen:

*„Was beschäftigt mich?"* oder
*„Was ist mir klar geworden?"*
Sprich über diese Themen – Pausen gehören dazu. Es gibt keine Fragen, es entsteht kein Dialog, jeder erzählt ein paar Minuten über das, was ihn beschäftigt, oder ihm klar geworden ist. Wenn Widerstand zum Sprechen in dir ist, dann sag: „Ich spüre, dass ich nicht sprechen will. Fang du doch mal an. Ich brauche noch Zeit." Du könntest auch so vorgehen: „Mich beschäftigt, warum ich jetzt nicht sprechen will. Fühle ich mich unter Druck? Will ich nicht, weil ich mich kritisiert gefühlt habe und dich jetzt strafen will, indem ich nicht reden will? Ich spreche jetzt trotzdem mal weiter. Ja, ich spüre Wut in mir, aber es tut mir schon gut, das auszusprechen. Es ist ja meine Wut und ich will nicht, dass sie zwischen uns steht. Ich liebe dich und ich will nicht das kleine Kind spielen, sondern ein erwachsener Partner für dich sein. Bis soweit erst mal." Mit diesem „bis soweit erst mal" gibst du das Wort ab. Es ist als würde man den Redestab weitergeben.
Dann spricht der andere. Er kann die Gedanken des vorigen Sprechers weiterspinnen oder auch nicht. Im allgemeinen ist es günstiger, wenn jeder bei seinem eigenen Thema bleibt und in dem, was er sagt auch möglichst etwas Ermutigendes einfließen lässt.
Nach einer gewissen Zeit geht der Stoff aus oder die verfügbare Zeit ist zu Ende.
Dann geht jeder wieder seinen eigenen Weg.
Jetzt weißt du wieder, wo der andere steht, wie es ihm geht und was ihn beschäftigt. Das ist der Sinn der Übung. Es geht nicht um Konfliktlösung. Dafür gibt es andere Übungen.
Plant das ZübaMo einmal täglich ein. Schon ein zehnminütiges ZübaMo kann sehr wirkungsvoll sein.

# Das Ehepotential

Das ist eine Übung, die euch hilft, festzustellen, wie gut ihr eure Ehe einschätzt.

➢ Frage dich, wie deine Ehe auf einer Skala von 1 bis 10 aussehen würde.

Schätze nicht dich selbst oder den Partner ein, sondern eure Partnerschaft. Es kann sein, dass du von dir aus weißt, dass deine Bereitschaft, an der Entwicklung der Beziehung zu arbeiten, hundertprozentig ist. Wenn der Partner jedoch diese Bereitschaft deiner Meinung nach nicht hat, dann kannst du dein Kreuz nicht bei 10 machen.

Frage dich also: „Wo stehen *wir* (nicht: ich allein) jetzt in unserer Ehe?"

Sei zu dir selbst so ehrlich wie möglich. Das ist die wichtigste Basis, um auch später ehrlich miteinander sprechen zu können.

Name: _____

1. Wollen wir zusammenbleiben?
   1  2  3  4  5  6  7  8  9  10
2. Wie wichtig ist uns unsere Ehe?
   1  2  3  4  5  6  7  8  9  10
3. Wie ist unsere Bereitschaft, für die Entwicklung unserer Beziehung zu arbeiten?
   1  2  3  4  5  6  7  8  9  10
4. Wie ist unsere Fähigkeit, zufriedenstellend miteinander zu sprechen?
   1  2  3  4  5  6  7  8  9  10
5. Können wir Konflikte so bearbeiten, dass wir dadurch weiterkommen?
   1  2  3  4  5  6  7  8  9  10
6. Wie ist unsere gegenseitige Zuneigung und Wertschätzung?
   1  2  3  4  5  6  7  8  9  10
7. Wie gut können wir uns durch Ermutigung aufbauen?
   1  2  3  4  5  6  7  8  9  10
8. Können wir zusammenarbeiten?
   1  2  3  4  5  6  7  8  9  10
9. Haben wir eine befriedigende sexuelle Beziehung?
   1  2  3  4  5  6  7  8  9  10
10. Werden bei uns Entscheidungen so getroffen, dass beide damit zufrieden sind?
   1  2  3  4  5  6  7  8  9  10

➢ Zähle dann alle Punkte zusammen. Daraus ergibt sich der Prozentsatz des Ehepotentials. Ziehe diese Zahl von 100 ab; dann ergibt sich der Prozentsatz, aus dem du ersehen kannst, was ihr noch vor euch habt. Das ist die Zahl eurer Chance.

175

➢ Schaue dir dann den Test des Partners an und sprich mit ihm im ZübaMo oder in einer Zuhörübung darüber. Kritisiere nicht die Bewertung des Partners, sondern höre zu, wenn er erklärt, warum er die Sache so sieht. Dann erzählst du, warum du den Test so und nicht anders ausgefüllt hast.

➢ Macht zusammen Pläne, wie ihr die einzelnen Punkte angehen könnt. Vielleicht kann ein/e Individualpsychologische Berater/in euch dabei helfen.

➢ Ihr könnt die Information aus dieser Übung auch in die folgende Übung einfließen lassen.

## Der Einstieg

„Der Einstieg" ist eine Übung, die ihr immer wieder machen könnt, wenn ihr längere Zeit nicht richtig miteinander gesprochen habt oder wenn ihr einen neuen Anfang machen möchtet. „Der Einstieg", wie auch die anderen Übungen, berücksichtigt meine Grundüberzeugung, dass

- Kampf und Streit keine guten Früchte hervorbringen;
- man den anderen nicht ändern kann;
- das Erkennen des eigenen Beitrags an dem Unfrieden der erste Schritt zur Besserung ist.

Der zweite Schritt besteht dann in der Bereitschaft zu handeln.

➢ Setzt euch zusammen mit der Absicht, einen neuen Anfang zu machen. Nehmt euer Wachstumsbuch zur Hand und schreibt – jeder für sich – in den nächsten zehn bis fünfzehn Minuten auf:

1. drei bis fünf Dinge, die du schön, gut, beglückend an eurer Beziehung findest oder auf die du stolz bist;
2. drei bis fünf Dinge, die du verbesserungswürdig findest;

**3.** zwei Dinge, die du bereit bist, zur Verbesserung der Beziehung beizutragen, unabhängig davon, was dein Partner zu tun bereit ist.

➤ Danach tauscht ihr eure Wachstumsbücher aus, gönnt euch einige Minuten, um das Geschriebene des Partners zu lesen und sprecht dann miteinander darüber, was ihr an den Äußerungen des Partners schätzt oder wo ihr Gemeinsamkeiten erkennt.

➤ Das Auswertungsgespräch sollte nicht länger als fünfzehn Minuten dauern. Danach geht jeder wieder seinen Weg, es sei denn, ihr freut euch noch länger an eurem Zusammensein.

Lasse dich nicht zu der Erwartung verführen, dass der Partner dieselben Dinge für gut oder verbesserungsbedürftig hält wie du. Wer noch wenig Verständnis für die Andersartigkeit des Partners hat, würde sich vielleicht darüber ärgern, dass er gerade Dinge an der Ehe gut findet, die du überhaupt nicht gut findest oder dass er Dinge für verbesserungsbedürftig hält, die du in Ordnung findest. Jetzt ist die richtige Einstellung die der Neugierde. Sei neugierig auf die Ideen des Partners, ohne zu urteilen. Setze seine gute Absicht voraus: *Das, was der Partner bereit ist, zu tun* – unabhängig davon, was du bereit bist, zu tun –, *ist von jetzt ab seine und nicht deine Sache!* Also nicht kontrollieren, ob er seine Vorsätze ausführt, es sei denn, der Partner erlaubt es dir ausdrücklich, z.B. so: „Du darfst mich daran erinnern, dass ich dich täglich einmal anschauen und dabei lächeln wollte. Der Tag ist oft so voll mit ernsten Dingen, dass ich leicht wieder in meine alte, ernste Form zurückgleite. Ich übernehme die volle Verantwortung für meinen Vorsatz, aber ich werde nicht irritiert oder böse sein, wenn du mich an meinen Vorsatz erinnerst."
Denke daran, dass wir alle wie Pflüger auf einem Acker sind; jeder hat seine eigene Furche zu ziehen. Unsere Furche wird

ganz sicher krumm, wenn wir uns nicht auf unser eigenes Ziel konzentrieren, sondern schauen, was der andere macht.

Heidi schrieb zu dieser Übung Folgendes:

*1. Ich finde gut an unserer Beziehung:*
- *dass wir beide sportlich sind und uns in der Bewegung immer wieder einen Ausgleich schaffen und uns Freude und neue Energie holen;*
- *dass wir unsere Kinder so erzogen haben, dass sie jetzt selbständig ihren eigenen Weg gehen können;*
- *dass unser Haus jetzt schuldenfrei ist.*

*2. Ich finde verbesserungswürdig:*
- *unser Thema ‚Gäste einladen‘;*
- *unsere Urlaubsplanung;*
- *die Verteilung unserer Arbeiten in Haus und Garten.*

*3. Ich bin bereit:*
- *dich zu lassen und zu unterstützen, wenn du deine Freunde einladen oder sie besuchen willst;*
- *in diesem Monat die Verantwortung für das Grasmähen zu übernehmen.*

Wenn unter Punkt zwei ein „heißes Eisen" vorkommt, ein Thema, an dem ihr euch schon lange und immer wieder aufreibt, dann entscheidet euch, das Thema vorläufig liegen zu lassen und eurer Beziehung erst durch die aufbauenden Übungen in diesem Buch eine „Bluttransfusion" zu geben. Es ist nicht gut, immer wieder an denselben Wunden zu kratzen. Die anderen Themen, die verbesserungswürdig sind, könnt ihr in „10 und 10", in der Zuhörübung und im „Züba-Mo" immer wieder aufnehmen, bis euch klar ist, was ihr tun wollt.

# Die Gesprächsinventur

Das „Miteinander-sprechen" soll ab jetzt euer Hauptziel sein. Hier ist eine Übung, die euch hilft, Klarheit über die verschiedenen Gesprächsthemen zu bekommen. Sie bringt auch einen Vorrat an Themen hervor, aus dem ihr bei späteren Gesprächsübungen schöpfen könnt.
Schreibt in eure Wachstumsbücher:

**a.** Drei bis fünf Themen, über die wir gut sprechen können.
**b.** Drei bis fünf Themen, über die wir nicht gut sprechen können.
**c.** Zwei Themen, über die wir gar nicht sprechen.

Mit „über die wir gut sprechen können" meine ich, dass nach dem Gespräch über so ein Thema, ein gutes Gefühl übrig bleibt.

Mit, „über die wir nicht gut sprechen können", meine ich, dass danach kein gutes Gefühl übrig bleibt bzw. dass man bei diesen Themen meistens in einen Streit gerät oder sich beide unverstanden fühlen.

Die Themen, „über die wir gar nicht sprechen", müssen nicht unbedingt zu Gesprächsthemen werden. Wenn beide sich darüber einig sind, dass diese Tabu-Themen, aus welchem Grunde auch, besser unbesprochen bleiben sollen, dann ist das ja in Ordnung.

## Ich fühle mich ...[9]

In vielen Fällen sind es die Frauen, die darüber klagen (sich beschweren), dass ihre Männer nicht über ihre Gefühle sprechen. Wenn Menschen ihre Gefühle nicht benennen, heißt das nicht, dass sie weniger differenzierte Gefühle haben als andere. Es bedeutet, dass sie nicht gelernt haben, ihren Gefühlen Namen zu geben. Sie haben die passenden Wörter nicht zur Verfügung.

179

Die Individualpsychologie geht von der Dreiteilung: Denken, Fühlen, Handeln aus und meint: erst ist das Denken, daraus entstehen die Gefühle und diese wiederum sind der Antrieb für das Handeln. Für unser Denken können wir Verantwortung übernehmen und es ändern, wenn es nicht passend ist. Die Gefühle werden sich dementsprechend ändern. Obwohl denken und fühlen unzertrennlich verknüpft sind, sind es doch die Gefühle, die uns eher bewusst sind, als die sie auslösenden Gedanken. Deswegen setzt diese Übung bei den Gefühlen an und sucht die Verbindung zu den kognitiven Prozessen (dem „Denken").

Gerade für diese Übung ist es von Bedeutung, sich zu vergegenwärtigen, dass der Lebensstil eine wichtige kognitive Datenbank für die Entstehung von Gefühlen ist. So lassen in vielen Fällen Gefühle Rückschlüsse auf Lebensstilaspekte zu. Der Erwachsene, der als mittleres Kind geboren wurde, wird öfter fühlen, dass er ungerecht behandelt wird, weil er sich als Kind die Meinung bildete, dass er ungerecht behandelt wurde. Wer als Kind lernte zu glauben, dass Männer gefährlich sind, wird als Erwachsener öfter Gefühle der Angst erfahren in Anwesenheit von Männern.

Die Gefühle entstehen relativ spontan. Sie sind nicht gut oder schlecht. Jeder hat seine eigenen Gefühle und er hat ein Recht darauf, sie zu haben. Also: Keine Werturteile über Gefühle, wie unsinnig sie einem anderen auch erscheinen mögen. Sie gehören zu diesem Menschen und müssen respektiert werden. Wenn wir lernen, unsere Gefühle zu benennen und fähiger werden, die dahintergelegenen Gedankengänge zu erkennen und auszusprechen, verstehen wir uns selbst besser und kommen uns als Paar näher. Die Übung führt zu einer Atmosphäre des Vertrauens in der wir uns ungefährdet öffnen können.

**Aufbau der Übung:**
➢ Jeder Partner bekommt fünf Fotos aus Zeitschriften. Sie werden ihm vorgelegt mit dem Bild nach unten.

➤ Die Partner einigen sich darauf, wer A und wer B ist.

➤ B nimmt von seinem eigenen Stapel Fotos das erste Bild und hebt es so ab, dass A es gut sehen kann, er selbst jedoch nicht. Dann gehen sie durch Stufe eins bis fünf.

1. A sagt, nachdem er das Bild gesehen hat, „Ich fühle mich ... (Gefühl)
2. B sagt: „Erzähl mir über deine ...“ (Gefühl)
3. A sagt: „Ich fühle mich ..., weil ...“ (einige Sätze)
4. B gibt zurück, was er verstanden hat.
5. A sagt: „Ja“ oder „nein“.

**Zur Stufe 5:** Wenn die Antwort von A „nein“ lautet, dann heißt das, dass er sich nicht verstanden fühlt. Und dann geht B zurück zu Schritt zwei und fragt noch einmal: „Erzähl mir über deine ... (Gefühl), bis er ein „ja“ bekommt.

Dann werden die Rollen gewechselt mit einem Bild, das A vor sich liegen hat. So geht es weiter bis jeder seine Gefühle zu den fünf Bildern ausgedrückt hat und mit „ja“ zum Ausdruck gebracht hat, dass er sich vom Partner verstanden fühlt.

Hab den Mut „nein“ zu sagen, wenn die Rückmeldung nicht stimmt oder unvollständig war. Wenn du zu unvollständigen Rückmeldungen „ja“ sagst, blockierst du die Entwicklung einer guten Kommunikation und schaffst Abstand. Überdies verlierst du bald den Spaß an der Übung, weil sie dich entmutigt.

**Zur Stufe 3:** Mache die Aussagen als Antwort auf „Erzähl mir über deine ...“ nicht zu lange. Sie könnten B überfordern. Beschränke dich auf ein paar Sätze.

**Zur Stufe 1:** Die Aussage lautet: „Ich fühle mich ... und dann kommt ein Wort, wie z.B. wütend, glücklich, traurig, aufgeregt. Wer sagt: „Ich habe das Gefühl, *dass* ...“ drückt eher einen Gedanken als ein Gefühl aus. Kürzer formuliert: Die „Ich fühle mich ...“-Übung ist dazu da, dem anderen zu erzählen, wie man sich wirklich fühlt und warum, verbunden mit der Erwartung, dass der andere wirklich zuhören wird.

Ich bin im Laufe der Jahre dazu übergegangen, anstatt Bilder Worte als Auslöser für die Gefühle zu nehmen. Ich nehme eine Anzahl kleinere Karteikarten und schreibe auf jede Karte ein Wort. Es gibt kaum Wörter, die für alle Menschen neutral sind. Viele Wörter sind emotional besetzt, wie Gewalt, Urlaub, Vergewaltigung, Arbeitslosigkeit, Frühling, Orgasmus, sterben, streicheln, Gefängnis, Seitensprung.

**Hinweis:**
Vielleicht könnt ihr diese Technik in euer tägliches Kommunikationsrepertoire aufnehmen. Es ist gut, zusammen zu vereinbaren, dass wenn im täglichen Leben einer von beiden sagt: „Ich fühle mich ..." der andere mit Sprechen aufhört, sich dem Partner zuwendet und reagiert mit „erzähl mir über deine ..." (Gefühl). Dies ist eine Einladung an A sich zu öffnen und eine Zusage, dass B zuhören wird.

Die Übung ist wesentlich schwieriger als sie scheint. Deshalb kann Kontakt mit einer Individualpsychologischen BeraterIn sinnvoll und hilfreich sein. Ihr könntet euch sonst das Sprechen über Gefühle verleiden. Es geht in dieser Übung um nichts anderes als um Mut, dein Gefühl anzumelden, und vom Partner wird verlangt, dass er zuhört und Interesse zeigt. Lasse dich nicht dazu hinreißen, dass du ein Problem für deinen Partner lösen willst, insbesondere dann nicht, wenn er dich nicht darum gebeten hat. Dazu kann Folgendes helfen.

## „Darf ich ...?"

Maria Montessori pflegte ihre Kinder zu fragen: „Darf ich es dir mal zeigen?" Anstatt das kleine Kind zu kritisieren, wenn es ein Stühlchen hinter sich herschleppte, fragte sie „darf ich dir mal zeigen, wie man einen Stuhl tragen kann?" Sie wartete die Antwort ab. In den meisten Fällen sagte das Kind „ja". Dann hat sie es vorgemacht. War die Antwort „nein", dann hat sie das respektiert.

Wir entmutigen unseren Partner oft unabsichtlich durch Vorschläge, Hilfestellungen, guten Rat, Lösungen, um die er nicht gebeten hat, weil er selbst noch ausprobieren oder nachdenken will. Wir signalisieren ihm damit, dass er unfähig ist, selbst Lösungen zu finden, nachzudenken oder durch Erfahrung zu lernen. Schließlich ist er entmutigt und reagiert bockig, aggressiv, kritisiert oder ist traurig. Eine gleichwertige Beziehung setzt einen respektvollen Umgang voraus. Maria Montessori wusste das.

Wenn du bei der Anwendung der „Ich fühle mich ..."-Technik nach Stufe 5 meinst, eine nützliche Hilfestellung geben zu können, dann frage: „Darf ich dir einen Vorschlag machen?" oder „Ich habe da eine Idee, darf ich sie dir sagen?" So bekommt der andere mehrere Wahlmöglichkeiten. Er kann ja oder nein sagen, er kann auch erst nein sagen, dann selbst noch einmal etwas ausprobieren und später auf dein Angebot zurückkommen. Wichtig ist, dass du respektvoll auch ein „Nein" akzeptierst.

# Frühstücksgefühle

Ob ihr bereit seid, an euren Lebensgewohnheiten etwas zu verändern? Ein gemeinsames Frühstück in Ruhe genossen, in der Bereitschaft, sich aufeinander einzustellen, gibt Kraft für den Tag und kann dazu beitragen, den Abend besser als sonst zu gestalten. Wenn wir unserem Partner morgens mitteilen, was uns am Tage bevorsteht, was uns an den bevorstehenden Aufgaben beschäftigt, wie wir uns im Hinblick darauf fühlen, haben wir viel mehr Anteil am Leben des anderen, können uns innerlich miteinander verbinden und abends den Partner besser verstehen, wenn wir uns wieder treffen. Könnt ihr es euch so einrichten, dass ihr gemeinsam frühstückt?

Man kann diese Übung mündlich oder schriftlich machen. Die Anleitung bezieht sich auf die schriftliche Version.

> Nehmt euch beim Frühstück etwa zehn Minuten Zeit, um über den bevorstehenden Tag nachzudenken und schreibt die Gefühle auf, die euch bewusst werden, wenn ihr an die verschiedenen bevorstehenden Aufgaben und Begegnungen denkt.

*Er schreibt:*
*„Ich fühle mich noch unsicher über die heutige Vertragsunterschrift."*
*„Ich bin dankbar für deine Liebe."*
*„Ich fühle mich leicht wegen des schönen Wetters."*
*„Ich habe Angst wegen des Telefongesprächs mit Herrn van Dam."*
*„Ich bin zufrieden mit meiner Gesundheit."*

*Sie schreibt:*
*„Ich bin besorgt über Karins Zeugnis."*
*„Ich bin überlastet wegen der Wochenend-Einkäufe."*
*„Ich freue mich, dass Karin heute heimkommt."*
*„Ich bin glücklich, dass es noch immer nicht schneit."*
*„Ich bin besorgt über deine vielen Aufgaben."*

> Danach werden die Wachstumsbücher ausgetauscht. Jeder sagt, welche Gefühle des Partners ihm schon bekannt waren oder welche er schon geahnt hatte und nennt auch die, die er nicht vermutet hatte und dankt dafür.

**Hinweis:**
Dies ist nicht die Zeit, große Probleme zu besprechen, wir nehmen nur Kenntnis von dem, was der Partner uns mitteilt. Wenn dir etwas als wichtig zu besprechen erscheint, kannst du das ja in „10 und 10" oder im ZübaMo wieder aufnehmen.

**Erfahrungen:**
Die meisten Partner, die diese Übung in ihren Alltag eingefügt haben, berichten, dass sie einander wesentlich besser verstehen, insbesondere, dass sie abends nach dem Arbeitstag besser aufeinander eingehen können, weil sie mehr aus dem Alltag mitteilen. Sie kommen sich näher.
Ingrid berichtet:
*„Seitdem wir uns morgens unsere Gefühle mitteilen, ist mein Leben schöner geworden. Ich neige nämlich leicht dazu, eine Verstimmung meines Mannes auf mich zu beziehen. Wenn er morgens bedrückt aus dem Bett kommt, meine ich, dass ich etwas falsch gemacht habe, bin unsicher und weiß nicht, was ich tun soll. Meistens mache ich dann genau das Falsche. Seitdem wir die „Frühstücksgefühle" machen, verstehe ich, was ihn beschäftigt, bedrückt oder ihm Sorgen macht. In den meisten Fällen hat das mit mir gar nichts zu tun. Dann kann ich loslassen, mich auf ihn einstellen und mitfühlen!"*

# 4. Konflikte entschärfen – Probleme lösen

## Die Zuhör-Übung

Zu einer guten Kommunikation gehört auch das Zuhören. Wenn du zuhören willst, musst du erst mal den Mund halten. Diese Übung gibt dir deswegen streng vorgegebene Zeiten, wo der eine spricht und der andere zuhört und den Mund hält. Bei dieser Übung sitzt ihr am besten nebeneinander oder auch mit dem Rücken zueinander.
So wir's gemacht:
➤ Partner A fängt an und hat **fünf** Minuten Zeit, um aus der B-Kategorie der Übung „Die Gesprächsinventur" ein Thema zu wählen, das er als mittelschwer einschätzt. Das heiße Eisen könnt ihr anpacken, wenn ihr Erfahrung mit

der Zuhör-Übung und die Bereitschaft habt, um dem anderen seine Meinung und sein Gefühl zu lassen und seine Meinung zu respektieren.

➢ In diesen fünf Minuten sitzt der Zuhörer B möglichst unbeweglich. Er reagiert nicht auf das Gesagte durch plötzliche Verhaltensänderung wie beispielsweise Seufzen, Schnaufen, Rauchen oder Notizen machen; er hört zu.

Es ist für den, der spricht, eine besondere Erfahrung, sprechen zu dürfen in einer Zeitspanne von fünf Minuten, wo der andere ihm nicht ins Wort fällt.

➢ Nach diesen fünf Minuten hat der, der zugehört hat (B), **drei** Minuten Zeit zu sagen, was er verstanden hat. Du musst nicht zurückerzählen, was der andere genau gesagt hat, denn dann versuchst du beim Zuhören Sätze zu behalten. Nein, du lässt beim Zuhören das Gesagte auf dich wirken und erzählst in den drei Minuten zurück, was du verstanden hast.

➢ Nun hat A **drei** Minuten Zeit, um seine Wertschätzung zu geben über diese Rückmeldung; d.h. in dieser Stufe kann A Anerkennung geben für das, was B richtig verstanden hat, und er kann Ergänzungen geben oder Vergessenes noch mal erwähnen.

➢ Dann habt ihr beide noch maximal **fünf** Minuten Zeit, über die Wirkung bzw. Bedeutung dieser Übung zu sprechen.

Danach geht jeder wieder seinen eigenen Weg und es wird über dieses Thema nicht mehr gesprochen, bis zur nächsten Zuhör-Übung.

Diese Übung ist besonders geeignet, wenn du dich irritiert, unverstanden oder verletzt gefühlt hast und nicht darüber gesprochen hast. Lade deinen Partner zu einer Zuhör-Übung ein. Jetzt kannst du ihm den Grund deines Ärgers erklären, ohne Angst haben zu müssen, dass er dir ins Wort fällt. Auch du kannst im ruhigen Zuhören den Hintergrund des Verhaltens deines Partners verstehen. Sprich von dir. Sprich mit dem Wunsch, euch wieder näher zu kommen.

**10 und 10** (10 Minuten schreiben und 10 Minuten sprechen)

Es gibt Zeiten, in denen es uns einfach nicht gut geht. Durch verschiedene Umstände innerhalb oder außerhalb der Ehe und der Familie irritiert, reiben wir uns aneinander. Alte, ungeklärte Themen stehen plötzlich zwischen uns, Verletzungen werden nicht geklärt, jeder fühlt sich einsam, nicht geliebt und unverstanden. Dies ist die Zeit für einen Neuanfang. Wir brauchen eine Möglichkeit, uns auszusprechen, eine Möglichkeit, sagen zu können, was uns beschäftigt, ohne vom Partner unterbrochen zu werden. Wir brauchen eine Möglichkeit, ohne Angriff und Verteidigung zu sprechen. Wenn die Situation so verfahren ist, dass wir uns im konstruktiven ZübaMo nicht erreichen können, dann ist das Schreiben das Mittel der Wahl.

**a)** Jeder nimmt zu einer ihm passenden Zeit sein Wachstumsbuch und schreibt zehn Minuten – nicht länger – über sich selbst, über den Partner und über das gegenseitige Verhältnis. Er schreibt, was er auf dem Herzen hat und was er loswerden möchte, und dies in dem Bewusstsein, dass er den Partner nicht verletzen will. Das könnte so aussehen:

*Liebe Friederike,*
*es ist heute ein nebliger Tag. Das Wetter beeinflusst meine Stimmung. Ich will und ich muss nicht davon abhängig sein, aber wenn die Welt um mich herum sonnig, farbig und größer ist, ist es, als könnte ich besser atmen. Ich fühle mich dann leichter und glücklicher. Jetzt neige ich dazu, mich in diesem unpersönlichen Büroraum unnahbar und irritiert zu zeigen. Es kamen mir heute wieder Gefühle von Wut und Ärger, als ich an deine Unwilligkeit dachte, als ich gestern Abend mit dir schlafen wollte,*

aber allmählich drängt sich mir immer mehr die Frage nach meinem eigenen Anteil auf. Ich hätte da etwas taktvoller sein können. Ich weiß ja, wie ungern du das hast, wenn ich abends ins Bett komme und nach Alkohol rieche. Es kommt mir zwar immer noch die Idee, dass du dich hättest anders verhalten können, aber der Grundsatz: „Wenn ich eine andere Reaktion will, muss ich mein eigenes Verhalten ändern", lässt es nicht mehr zu, dass ich den Fehler bei dir suche. Ich denke jetzt schon einige Minuten über dich nach und frage mich, was ich schreiben soll. Ich überlege, dass jeder Mensch in jeder Situation das Beste tut, was er kann, und dass auch ich, wenn ich in deiner Haut stecken würde, genauso reagieren würde. Es tut mir leid, dass ich dich so oft in Situationen bringe, in denen du meinst, deinen Standpunkt heftig verteidigen zu müssen. Unsere Beziehung halte ich im Grunde für gesund, weil wir beide mit dem Wunsch leben, sie zu verbessern. Ich habe das feste Vertrauen, dass wir zusammen weiterkommen, obwohl wir noch getrennte Schlafzimmer haben. Bald ist die Mittagspause vorbei. Ich schließe jetzt mein Wachstumsbuch in Sehnsucht nach dir und in der Hoffnung auf ein gutes Gespräch heute Abend. Übrigens: Ich war vorhin kurz in der Stadt, habe aber das Buch, das ich gerne kaufen wollte, nicht gekauft, weil wir ja vereinbart hatten, dass wir etwas sparsamer mit unserem Geld umgehen sollten. Du darfst mich deswegen ruhig loben.

Dein Bernhard

b) Irgendwann an diesem Tag, am besten abends, setzt ihr euch zusammen, tauscht eure Wachstumsbücher aus, versucht hinter der geschriebenen Information die Person des Partners zu finden und sprecht insgesamt zehn Minuten über eure Eindrücke, nicht länger. Danach geht jeder wieder seinen eigenen Weg. Nach diesen zehn Minuten soll nicht mehr über die behandelten Themen gesprochen werden. Hat man etwas nicht ausreichend geklärt, ist am nächsten Tag wieder Gelegenheit, zehn Minuten darüber zu schreiben und es abends zu besprechen.

Diese Übung sollte täglich über einen Zeitraum von zwei bis drei Wochen – eventuell abwechselnd mit anderen Übungen – durchgeführt werden. Gerade in dieser Übung kommen die Vorteile des Schreibens voll zur Geltung. Ihr könnt mit dieser Übung viele spannungsgeladene Zeiten entkrampfen und wieder zueinander finden. Es kann sein, dass am Anfang viele traurige und verletzte Gefühle mitgeteilt werden müssen. Vielleicht kommt man auch um Vorwürfe nicht herum, aber nach einigen Tagen ist das Wichtigste darüber gesagt, und man kehrt allmählich zu den Erlebnissen des Tages zurück. Damit werden Verletzungen nicht älter als vierundzwanzig Stunden und größere Explosionen vermieden.

**Erfahrungen mit der Übung „10 und 10":**

*„Wir sind seit fünf Monaten verheiratet und schreiben zwar nicht täglich, aber doch regelmäßig in unsere extra dafür gekauften Bücher. Die erste Zeit waren wir im Schreiben zurückhaltend, benutzten sie hauptsächlich, um uns liebe Worte zu sagen oder unsere Freude nach gemeinsamen Erlebnissen auszudrücken. Es ist wunderschön, diese Dinge „schwarz auf weiß" zu lesen, und wir finden es immer wieder gut. Mit der Zeit beobachteten wir, dass wir schon Vieles davon sofort aussprechen.*
*Mit der Zeit war uns das aber zu wenig. Wir wollten doch mehr und mehr auch die Denkweise des anderen in alltäglichen Dingen, seine inneren Nöte, Wut, Zweifel, Hemmungen usw. kennen lernen. Und so erweiterten wir unsere Mitteilungen und begannen über Bereiche zu schreiben, in denen wir nicht zusammen waren, wie Beruf, Sprachkurs oder ähn-*

*liches. Wir getrauten uns auch langsam, Dinge zu schreiben, die wir im offenen Gespräch vermieden.*

*Wir erlebten, dass das ruhige Sich-hin-setzen und Denken, was wir dem anderen mitteilen wollen, dem Prozess des bewussten Sehens und Denkens dient und mehr als ein Gespräch ist, bei dem man sich auf den Partner konzentrieren muss. Durch das Schreiben „sahen" wir uns selbst besser. Und da vom Partner beim Lesen Manches nicht gut genug verstanden wurde, konnte ja in den anschließenden zehn Minuten noch ein bisschen nachgefragt werden wie dieses oder jenes zu verstehen sei.*

*Wir kennen in unserem Leben sonst keine andere Zeit, in der wir uns so ruhig und aufmerksam zuhören, wie bei „10 und 10". Schließlich nehmen wir uns extra dafür Zeit und Ruhe. Allein diese Tatsache gibt ein wundervolles Gefühl der Einigkeit mit dem Partner.*

*Wir spüren, dass „10 und 10" eine Lernzeit braucht. In dem Maße, wie das Vertrauen wächst, können wir uns auch besser vor dem anderen öffnen. Wir haben einfach nicht gelernt, unsere Gefühle und Handlungen zu „sehen". Man braucht Zeit, das zu lernen und deshalb betrachten wir „10 und 10" als ein wundervolles Hilfsmittel zum Bewusstwerden überhaupt, den anderen wirklich besser verstehen zu lernen und mit der Zeit auch gute Veränderungen festzustellen. "*

෨

Roswitha und Franz, seit siebzehn Jahren verheiratet, haben viele schwierige und kampfbeladene Ehejahre hinter sich. Sie lieben sich manchmal, manchmal hassen sie sich. Sie haben gemeinsam Besitz und Kinder. Sie haben sich schon oft die Frage gestellt, ob sie sich scheiden lassen wollen; aber die Probleme, die dann auftauchen würden, wären besonders groß. Sie haben „10 und 10" kennen gelernt und damit vor etwa einem Jahr angefangen. Jetzt schreibt Roswitha:

*„Wir haben die Übung „10 und 10 am Anfang täglich ge-*
*macht, und wir hatten sehr schöne Zeiten miteinander. Unser*
*sexuelles Verhältnis hat sich wesentlich verbessert. Wir sind*
*wieder spazieren gegangen, haben uns über Erinnerungen*
*an schöne Stunden in unseren zurückliegenden Ehejahren*
*gefreut und hatten gute Hoffnung auf eine ganz neue Art der*
*Beziehung. Nach etwa drei Monaten ging es uns wirklich gut,*
*und dann haben wir mit der Übung aufgehört und auch wei-*
*ter nichts mehr für unsere Partnerschaft getan. Allmählich*
*hat uns der alte Alltag und der alte Stil zu leben und mitein-*
*ander umzugehen wieder eingeholt, und jetzt sind wir wieder*
*an dem Punkt, wo wir Hilfe brauchen. Wir sind beide wieder*
*einsam, sehnen uns nach Gemeinsamkeiten, aber jedes Zu-*
*sammensein und jedes Gespräch endet nach kurzer Zeit mit*
*Streitigkeiten, Vorwürfen und Verletzungen. Was können wir*
*tun? Wir würden gerne wieder ein Gespräch mit dir führen.*
*Du kannst uns vielleicht helfen, einen neuen Einstieg zu fin-*
*den. Ich glaube, dass wir beide gut motiviert sind."*

## Die Partnerkonferenz

Die Partnerkonferenz ist eine Übung, mit der man lernt, mehr
Vertrauen zu haben und offener zu sein. Sie hat sich bei Störungen sehr bewährt. Sie besteht aus vier Phasen mit vorge-
gebenen Anlaufsätzen:
1. „..., es stört (ärgert) mich, wenn du (dass du) ....".
2. „..., ich habe Angst, wenn ... (vor) ...".
3. „..., ich habe verstanden, dass du Angst (davor) hast ....".
4. „..., ich finde gut an dir, ...".

**Erste Phase:**
➢ Ihr sitzt am besten nebeneinander oder mit dem Rücken
   zueinander, so dass ihr euch nicht ins Gesicht sehen
   könnt. Für die meisten Menschen ist es so einfacher, ihren Ärger auszudrücken. Die weitere Anleitung erfolgt

anhand von Auszügen der Niederschrift einer Partnerkonferenz von Hans und Julia.

➤ Jeder Satz beginnt mit dem Vornamen des Partners. Wenn Julia in der ersten Phase der Übung sagen will, dass sie sich über Hans' Verhalten ärgert, sagt sie: „Hans, es ärgert mich, wenn du ...". Danach spricht er sie mit ihrem Vornamen an und sagt: „Julia, es stört mich, dass du ...". Jeder spricht alles aus, was ihn ärgert oder stört, geärgert oder gestört hat.

➤ In jeder Aussage ist immer nur ein Thema enthalten, also: „Es ärgert mich, dass du mich einengst", und nicht: „Es ärgert mich, dass du mich einengst, mich nicht ernst nimmst und mir kein Haushaltsgeld gibst". In diesem letzten Satz waren drei Themen enthalten. Es soll immer nur ein Sache ausgedrückt werden. Danach formuliert der Partner, was ihn stört. Also:
„Hans, es ärgert mich, dass du mich einengst".
„Julia, es ärgert mich, dass du ...".
„Hans, es ärgert mich, dass du mich nicht ernst nimmst".
„Julia, es ärgert mich, dass du ...".
„Hans, es ärgert mich, dass du mir kein Haushaltsgeld gibst":

➤ Beide achten darauf, dass in der Partnerkonferenz kein Dialog entsteht. Jeder ‚betet' seine eigene Liste von Ärger, von Angst und Ermutigung herunter. Der Dialog könnte Folgendes auslösen: „Hans, es ärgert mich, dass du nicht zuhörst, wenn ich dir etwas erzähle." Er: „Julia, es ärgert mich auch, wenn du nicht zuhörst, wenn ich dir etwas erzähle." Damit wären wir dann wieder am Anfang eines ganz normalen Streitgespräches.

Der Vorteil der Partnerkonferenz ist, wie beim ZübaMo und der Zuhör-Übung, dass man zuhören, sich seine eigenen Gedanken machen kann, ohne angriffsbereit sein zu müssen, ohne sich verteidigen zu müssen und ohne in der Erwartung

192

zu leben, dass die eigene Äußerung vom anderen abgewertet oder angegriffen wird. Wir lassen jede Äußerung gelten und so unangetastet im Raum stehen.

*Niederschrift der Phase 1:*

*„Hans, es stört mich, dass du mir so wenig Freiraum lässt."*

*„Julia, es stört mich, dass ich dir immer nachlaufen muss."*

*„Hans, es stört mich, dass du mich so fest einfangen willst."*

*„Julia, es stört mich, dass ich deine Wärme nicht spüre."*

*„Hans, es ärgert mich, dass du nicht einsehen willst, dass du viel mehr von meiner Wärme bekommst, wenn du mir nicht so ganz nahe kommst."*

*„Julia, es stört mich, dass immer alles picobello sein muss."*

*„Hans, es stört mich, dass du zu alltäglichen Pflichten, z.B. zum Haushalt, immer motiviert werden willst."*

*„Julia, es stört mich, dass du meine Eltern nicht richtig anerkennst."*

*„Hans, es ärgert mich, dass du nicht begreifst, dass ich Angst habe, dich an deine Mutter zu verlieren."*

*„Julia, es stört mich, dass du deine Angst nicht zeigst."*

*„Hans, es stört mich, dass du nicht annimmst, dass ich auch einmal stärker sein will als du."*

*»Julia, es ärgert mich, dass du sehr oft sagst: „Das kann ich sowieso nicht" und dass du das von vornherein sagst.«*

Wir sehen, wie die beiden die Grenzen der Spielregeln berühren, wenn sie reagiert mit: „Hans, es stört mich, dass du nicht begreifst, dass ich Angst habe, dich an deine Mutter zu verlieren." Hier wäre die Übung durch einen Dialog gefährdet, wenn beide bei diesem Eltern- bzw. Mutterproblem geblieben wären. Es ist logisch, dass solch ein Satz des Part-

193

ners bei dir bestimmte Gedanken auslöst, die du aussprechen willst. Es ist aber besser, diese etwas hinauszuschieben, um einen Dialog zu vermeiden.

**Zweite Phase:**
➤ In dieser und den weiteren Phasen ist es besser, einander gegenüberzusitzen und sich anzuschauen und eventuell die Hände zu halten.
➤ Jetzt sprechen wir über unsere Ängste.

Es geht in dieser Phase aber nicht nur um die Ängste im Bereich der Partnerschaft. Wir wollen uns besser kennen lernen und deswegen ist jede Äußerung über unsere Ängste von Bedeutung. Schließlich wirken sich Angst vor Krankheit, Angst vor dem Tod oder Angst vor Arbeitslosigkeit auf die Qualität der Partnerschaft aus.

*„Hans, ich habe Angst, deine Haushälterin zu werden.“*
*„Julia, ich habe Angst, wenn du wütend bist.“*
*„Hans, ich habe Angst, von dir zu sehr umschlossen zu werden und nicht mehr frei zu sein.“*
*„Julia, ich habe Angst um meine Gesundheit.“*
*„Hans, wenn du böse bist, habe ich Angst, dass du mich gar nicht mehr brauchst.“*
*„Julia, ich habe Angst, dass du dich an andere Männer hängst.“*
*„Hans, ich habe Angst, dich zu fest zu umschließen oder nicht den Weg zu finden, für dich da zu sein und dich doch nicht einzuengen.“*

**Dritte Phase:**
➤ Hier ist Raum für die Rückmeldung, mit der du ausdrückst, dass du zugehört hast.

*„Julia, ich habe verstanden, dass du Angst hast, dass ich dich zu sehr in deiner Bewegungsfreiheit hemme.“*
*„Hans, ich habe verstanden, dass du Angst vor mir hast, wenn ich wütend bin.“*

*„Julia, ich habe verstanden, dass es auch dich beschäftigt und auch du Angst hast, mich zu fest zu halten.*
*„Hans, ich habe verstanden, dass du Angst hast, dass ich mich in andere Männer verliebe."*
*„Julia, ich habe verstanden, dass du auch Angst hast, die Balance zwischen „für mich da sein" und „nicht zu fest halten" nicht zu finden."*

**Vierte Phase:**

➢ Wir ermutigen einander. Die Ermutigungsphase ist wichtiger als die anderen Phasen, weil wir eine Partnerschaft nicht auf Ärger, Störungen und Ängste aufbauen können und unser Partner und wir selbst dringend auf Ermutigung und Anerkennung angewiesen sind,

*„Julia, ich mag an dir deine Spontaneität:"*
*„Hans, ich finde gut an dir, dass du so viel Verständnis zeigst."*
*„Julia, ich mag an dir deine Kochkünste."*
*„Hans, ich finde gut an dir, dass du großzügig bist."*
*„Julia, ich finde gut, dass du mich lobst, wenn mir etwas gelungen ist."*
*„Hans, ich mag an dir, wenn du mir hilfst."*
*„Julia, ich liebe dich, weil du Anteil nimmst an meinen Interessen."*
*„Hans, ich schätze deine Lebenseinstellung, die manchmal ziemlich anders ist als meine, und dass wir dann lernen können, Kompromisse zu schließen."*
*„Julia, mir gefällt an dir deine oft kindliche Freude an kleinen Dingen."*
*„Hans, ich liebe dich, weil du anders bist als die Männer, die ich vor dir kennen gelernt habe."*
*„Julia, ich mag an dir, wenn du mich unterstützt."*
*„Hans, ich mag an dir, wenn du mir zeigst, dass es dir bei mir gefällt."*

*„Julia, ich liebe deinen Körper, deine Lippen, dein Gesicht."*

*„Hans, ich mag an dir, wenn du mir Zeit und Bewegungsfreiheit lässt, denn freiwillig ist es für mich leichter, zu dir zu kommen."*

Wenn ihr diese Übung in einer angenehmen Atmosphäre und mit der richtigen inneren Einstellung, nämlich dass ihr dadurch gemeinsam wachsen wollt, durchführt, kann sie eine sehr heilsame Wirkung haben.

Julia und Hans meldeten zwei Tage nach der Übung, sie hätten gute fröhliche Tage verlebt, sie seien innerlich sehr frei und es sei, als hätten sie sich neu kennen gelernt. Über einige Themen, die sie in der Übung ausgesprochen haben, hätten sie sich viel geärgert, aber noch nie so ruhig und verständnisvoll behandelt. Sie wollen diese Übung öfters machen.

## Die Ehekonferenz nach Corsini

Hier ist eine Übung für Paare, die sich in einem Machtkampf befinden oder in einer feindlichen Stille leben. Sie ist auch gut für Paare, die immer bei sicheren Themen bleiben. Diese Übung erlaubt es dir, alles zu sagen, was zu sagen ist. Am besten in einer Zeit, in der ihr nicht in einem aktuellen Konflikt seid. Wenn ihr nicht weiterkommt, ruft mich an. Die Übung geht so: Ihr akzeptiert folgende Spielregeln:
➢ Es werden vier Termine vereinbart, z.B. Freitagabend und dann Dienstagabend und dann wieder Freitag und Dienstag.
➢ Pro Abend habt ihr eine Stunde Zeit füreinander. Allein ohne Kinder, ohne Telefon. Also ohne Störung.
➢ Jeder hat eine halbe Stunde Zeit zum Sprechen über alles, was ihm quer liegt oder was er gut findet.

> Wenn Helga anfängt, kann sie eine halbe Stunde reden und Karlheinz hat da zu bleiben. Das ist ein Teil der Spielregel. Er muss es sich gefallen lassen, dass sie jetzt eine halbe Stunde redet.
> Er macht keine Notizen, er raucht nicht, er seufzt nicht und er schüttelt nicht mit dem Kopf. Er hat nur zuzuhören.
> Ihr sitzt am besten mit dem Rücken zueinander.
> Nach der ersten halben Stunde spricht er, worüber er will. Eine halbe Stunde lang.
> Nach der Stunde wird über das, was gesprochen wurde, nicht mehr geredet – bis zur nächsten Sitzung.
> Am Dienstag geht es weiter. Dann fängt er an mit der halben Stunde und danach sie.

Es tut ungemein gut, eine halbe Stunde über alles sprechen zu können ohne unterbrochen zu werden. Danach ist schon viel Druck oder Wut weg. Manchmal nach einer viertel Stunde schon. Dann kommt irgendwann der Moment, wo man sich fragt: „Und was jetzt?" Dann überlegt man sich allmählich, welche Pläne können wir machen oder was kann ich selbst ändern, welche Vorschläge kann ich machen? usw. Vier solcher Sitzungen lösen oft dicke Knoten. Und wenn ihr dann nochmals zu einer Ehe-Beratung geht, um über eure Erfahrungen zu sprechen, dann habt ihr einen klaren Weg vor euch.
Die *Ehekonferenz* wird von einem von beiden einberufen. Nie für sofort, sondern frühestens ab morgen, so dass jeder Zeit hat sich darauf einzustellen. Wärst du bereit, darauf einzugehen, wenn dein Partner eine Konferenz vorschlagen würde? Ja? Wer die Konferenz einberufen hat, darf anfangen zu sprechen. Eine halbe Stunde ist lang, aber Pausen gehören auch dazu, genau so wie im ZübaMo. Da du nicht unter Zeitdruck stehst, kannst du dir selbst ruhiger zuhören. Hörst du dich etwas sagen, was du so nicht gemeint hast, dann nimmst

du die Aussage zurück und sagst es anders. Nutze auf jeden Fall die ganze halbe Stunde. Wenn du nach zwanzig Minuten meinst, alles gesagt zu haben, dann warte und überlege ruhig, was du immer schon gerne ansprechen wolltest. Ändere auf keinen Fall das Zeitschema. Und noch etwas. Beginnt die Konferenz mit etwas Ermutigendem. Gebt einander Anerkennung oder schaut einander in die Augen, dann setzt euch mit dem Rücken zueinander und fangt an. Wenn ihr fertig seid, d.h. die Zeit ist um, dann steht auf, schaut einander an, sagt euch etwas Ermutigendes oder umarmt euch – ihr habt schließlich Wichtiges geleistet – und geh dann deinen eigenen Weg!

# Und übrigens ...

Der wirkliche Grund, warum Menschen als Paar zusammenleben wollen, ist ihr grundsätzliches Bedürfnis sich zugehörig zu fühlen. Deshalb entscheiden sie sich für diesen einen Partner, und dann fängt der Lernprozess, den ich beschrieben habe, an. Darin sind wir selbst die Quelle von Erfolg und Misserfolg. Da wir nicht vor uns selbst davonlaufen können, müssen wir bleiben, wenn wir unsere Lebensverhältnisse verbessern wollen. Die Lösungen dafür liegen hinter den Fragen: „Welcher ist mein Beitrag zu diesem Konflikt?" und: „Was kann ich tun?".

Dieses Buch bietet Übungen an im Vertrauen, dass sie weiterhelfen, aber auch in der Gewissheit, dass Übungen, Methoden und Techniken allein das eheliche Glück nicht sichern können, auf den Geist kommt es an. Deswegen habe ich grundlegende Haltungen wie Verbindlichkeitsbewusstsein, Zuneigung und den Wunsch sich kennen zu lernen, in den Vordergrund gestellt.

Ich wünsche, dass ihr den hier beschriebenen Zielen näher kommt. Ich schrieb dieses Buch, weil ich weiß, dass das geht, aber es gibt Situationen und Lebensphasen, wo man alleine nicht weiterkommt und Hilfe braucht. Das sind die Zeiten, in denen wir entmutigt sind und unsere Minderwertigkeitsgefühle uns im Wege stehen. Es ist menschlich, kritisch auf den Partner zu reagieren, wenn wir uns selbst minderwertig fühlen. Wir kennen ja auch die anderen Zeiten, in denen es uns gut geht. Dann freuen wir uns an den guten Eigenschaften des Partners. Jeder hat positive und negative Seiten. Ob wir mehr die Schwächen oder mehr die Stärken betonen, sagt etwas über unsere eigene Einstellung.

Hilfe gibt es:
- bei allen Eheberatungszentren
- bei Individualpsychologischen Beratern oder Psychotherapeuten. Ich schränke auf Individualpsychologie ein, weil ich sie als eine sehr mitmenschliche, pragmatische Psychologie kenne. Adressen bekommt ihr bei der Geschäftsstelle der Deutschen Gesellschaft für Individualpsychologie e.V. (DGIP), Marktstr. 12, 99867 Gotha, Tel./Fax: 03621-29691
- in unserem Adler-Dreikurs-Institut, das zum Thema Partnerschaft Folgendes anbieten kann:
  - Einzel- und Paarberatung
  - Zwei Tage für die Partnerschaft (ausschließlich für Paare)
  - Zwei Tage für ‚halbe' Paare*
  - Fünf Tage Individualpsychologische Sozialtherapie
- bei Berater/innen in deiner Gegend, die im Adler-Dreikurs-Institut ausgebildet wurden und nach dem Schoenaker-Konzept® arbeiten. Adressen gibt es auf Anfrage über unser Sekretariat.
- Bei Encouraging-Trainer/innen, die nach dem Schoenaker-Konzept® arbeiten. Diese gibt es in allen deutschsprachigen Ländern und in den Niederlanden.
Das Encouraging-Training in 10 wöchentlichen Einheiten, hilft, mehr Selbstvertauen und Mut aufzubauen, und du übst dich in der Fähigkeit, dich selbst und deinen Partner durch Ermutigung aufzubauen.

**Weitere Informationen:**
Sekretariat Adler-Dreikurs-Institut, Rudolf-Dreikurs-Weg 4-6, 36391 Sinntal-Züntersbach, Tel.: 09741-3130, Fax: 1281, eMail: Dreikurs.Insitut@t-online.de www.Adler-Dreikurs.de

---

* Wenn ein Teil des Paares verhindert ist, oder noch nicht soweit ist, dass er/sie die Notwendigkeit der Teilnahme einsieht, kann der andere trotzdem viel zur Entwicklung beitragen, im Seminar für ‚halbe' Paare.

# Danksagung

Für die gründliche Durchsicht des Manuskripts, die guten Gespräche und die hilfreichen Vorschläge, danke ich meinen Freunden, dem Ehepaar Anne Rose und Norbert Frost.

Ich danke auch den Klientinnen und Klienten, die mit ihren schriftlichen oder mündlichen Erfahrungsberichten beigetragen haben.

# Literatur

'*Abdu'l-Bahá* (1980): Kleine Auswahl aus seinen Schriften. Hofheim.

*Adler, A.* (1972): In Ansbacher: Alfred Adlers Individualpsychologie. S. 396 München.

*Adler, A.* (1931/1979): Wozu leben wir. Frankfurt Nr. 6708

*Barbach, L.* (1982): For each other: Sharing sexual intimacy. Garden city, NY.

*Brown, J. F.* (1976): Practical Application of the Personality Priorities. Washington.

*Buddha*: Buddha's Reden. S. 70 F9.SDW. Stuttgart.

*Chernick, B. und N.* (1977): In touch. Toronto: Memillon 1977

*Comfort, Alex, ed.*(1994): More Joy. Acompanion to the joy of sex. New York.

*Corsini, R.J.* (1970): The marriage conference. In: Marriage Counseling Quaterly. 5,21-29.

*Dreikurs, R.* (1969): Die Ehe eine Herausforderung. Stuttgart

*Dreikurs, R./Mosak, H. H.* (1967): The Tasks of Life II. The fourth task. In: Individual Psychologist, 4, 51-55. 1967

*Franke, U. (Hrsg.)* (1997): In: Prävention von Kommunikationsstörungen. Schoenaker, Th.: Prävention für die seelische Gesundheit – gibt's die? Stuttgart.

*Fromm, Erich* (1979): Die Kunst des Liebens. Frankfurt.

*Haeberle, E.J.* (1983): Die Sexualität des Menschen. Handbuch und Atlas. Berlin.

*Hendrix, H.* (1988): Getting the love you want. New York.

*Hunt, M.* (1959): The natural history of love. New York.

*Kfir, N.* (1983): Impasse Priority Therapy. In: Handbuch der Psychotherapie. Band I, Weinheim. S. 368

*Long, K.* (1979): Application of the Personal Priorities of Couple Counseling. In: The Individual Psychologist. Chicago.

*Lynd, R.* (1932): Love trough the ages: Love stories of all nations. New York.

*Mace, D./Mace, V.* (1982): Close companions. New York.

*Masters, W.H. / Johnson, V. E.* (1980): Die sexuelle Reaktion. Rowohlt Hamburg.

*Mosak, H.H.* (1987): Ha Ha and Aha. The role of humor in Psychotherapy. Muncie, IN.

*Mosak, H.H./Dreikurs, R.* (1967): The life tasks III. The fifth life task. In: Individual Psychologist. 5, 16-22

*Nield, J.B.* (1980): Clarifying Concepts or the Number One Priority. In: The Individual Psychologist. Chicago.

*Pew, W.L.* (1976): Die Priorität Nummer eins. In: Beiträgen zur Individualpsychologie 13. München.

*Peyer, B./Perrez, M.* (1978): Einführung in die Verhaltenstherapie für visuelle Typen. Salzburg

*Ruthe, R.* (1981): Die Priorität Nummer eins in der Paartherapie. In: Zeitschrift für Individualpsychologie, 6. Jg. S. 152-158.

*Schoenaker, Th. u. J. / Platt J. M.* (2000): Die Kunst als Familie zu leben. Freiburg.

*Schoenaker, Th.* (2000 b): Ja, ... aber! Sinntal.

*Schoenaker, Th.* (2000 c): Leben beginnt mit Loslassen. Sinntal.

*Schoenaker, Th.* (2000 a): Mut tut gut. Sinntal.

*Schoenaker, Th.* (1993): Versteh mich doch. Stuttgart.

*Schoenaker, A. u. Th.* (1993): Die neue Partnerschaft. München.

*Shoghi Effendi* (1925/1974): Zum wirklichen Leben. Oberkalbach.

*Schottky, A.* (1997): Die Bedeutung der Kindheit für das erwachsene Leben. Sinntal.

*Schottky, A./Schoenaker, Th.* (1995): Was bestimmt mein Leben? München.

*Schröder, Marita*: Alles ist zu ertragen...; M. Schröder, Nuthusche Str. 2a, 39264 Güterglück.

*Veith, P.* (1997): Eltern machen Kindern Mut. Freiburg.
*Ward, D. E.* (1979): Implications of Personality Priority Assessment. In: The Individual Psychologist. Chicago.
*Wexberg, E.* (1926): Zur Biologie und Psychologie der Affekte. In: Int. Z. für Individualpsychologie 4, 227-235).

# Anmerkungen

[1] Die Individualpsychologie wurde von Alfred Adler (1870-1937) entwickelt. Rudolf Dreikurs war einer seiner bedeutenden Schüler (1897-1972).

[2] In Anlehnung an ein Zitat von ʿAbduʼl-Bahá: „Die (...) Ehe bedeutet die **Bindung** zweier Partner aneinander und ihre gegenseitige **Zuneigung** im Denken und Fühlen. Sie müssen sich jedoch mit größter Sorgfalt bemühen, mit der Wesensart des anderen gründlich **vertraut** zu **werden**."

[3] Die Bahá'í-Religion ist die jüngste Offenbarungsreligion nach dem Hinduismus (ca. 2000 v. Ch.), dem Judentum (1330 v. Chr.), dem Buddhismus (560 v. Chr.), dem Christentum und dem Islam (622 n. Chr.). Sie findet ihre Anfänge in 1844 n. Chr. Informationen: Bahá'í-Sekretariat, Eppsteiner Str. 89, D-65719 Hofheim. Tel.: 06192-9929-0 www.bahai.de

[4] Die Idee der Persönlichkeitstheorie der vier Prioritäten stammt von der israelischen Psychologin Dr. Nira Kfir (1983). Folgende Autoren führten ihre Ideen weiter: Brown 1976, Long 1979, Nield 1980, Pew 1978, Ruthe 1981, Schoenaker 1999/2000, Schottky/Schoenaker 1991, Ward 1979.
Für eine ausführliche Beschreibung der Prioritäten siehe Schoenaker, Th.: „Mut tut gut".

[5] Für ausführliche Informationen siehe Schoenaker, Th.: „Ja ..., aber". 2000.

[6] Hilfreich für dieses Kapitel waren Barbach (1982), Comfort (1994), Chernick (1977), Haeberle (1983) und Masters/ Johnson (1980).

[7] Siehe auch Schoenaker, Theo: „Mut tut gut", Kapitel 5.

[8] Für weitere gute Ideen über Ermutigung bei Kindern siehe: Schoenaker, Th. u. J. / Platt, J.: „Die Kunst als Familie zu leben" und Veith, P.: Eltern machen Kindern Mut.

[9] Diese Übung wurde vom Ehepaar Beryl und Noam Chernick für die sexuelle Kommunikation entwickelt und 1977 beschrieben.

## ... weitere Bücher des Autors

Schoenaker, Theo:

Zus. mit Schoenaker, J. u. Platt, J.: *Die Kunst als Familie zu leben* – Ein Erziehungsratgeber nach Rudolf Dreikurs. Freiburg i.Br. 2000.

*Ja ..., aber!* – Ein individualpsychologisches Konzept des Stotterns. Sinntal, 1. Aufl. 2000.

*Leben beginnt mit Loslassen* – Eine Novelle zum Neubeginn. Sinntal , 2. Aufl. 2000.

*Mut tut gut* – Das Encouraging-Training. Sinntal 9. Aufl. 2000.

*Sich als Eltern gut fühlen* – Ein Brief. Sinntal 1997.

Zus. mit Seitzer, J. u. Wichtmann, G.: *So macht mir mein Beruf wieder Spaß* – Ein Selbsthilfebuch für Erzieherinnen. München 1995.

Zus. mit Schottky, A.: *Was bestimmt mein Leben* – Wie man die Grundrichtung des eigenen Ich erkennt. München 1995.

## ... weitere Bücher aus dem RDI Verlag

Mosak, Harold H./Maniacci, Michael P.: *Beratung und Psychotherapie* – Die Kunst im richtigen Moment das Richtige zu tun. 1999.

Schottky, Albrecht: *Die Bedeutung der Kindheit für das erwachsene Leben.* 1997

## ... ausgeliefert vom RDI Verlag werden auch:

Blumenthal, Erik:

*Der hohen Jahre Ziel und Sinn* – Es ist nie zu spät, aber immer höchste Zeit. Rex Verlag.

*Lieben und geliebt werden* – ...in Partnerschaft und Familie. life Horizonte.

*Neue Wege zur inneren Freiheit* – Praxis und Theorie der Selbsttherapie. life Horizonte.

*Verstehen und verstanden werden* – Die neue Art des Zusammenlebens. Rex Verlag.

## ... Audiokassetten von Vorträgen des Autors

Es gibt Life-Mitschnitte von Vorträgen von Theo Schoenaker zu verschiedenen Prinzipien der Individualpsychologie und Lebenshilfe.

## Informationen:

RDI Verlag, Rudolf-Dreikurs-Weg 4-6, 36391 Sinntal, Tel.: 09741-3130, Fax: 1281 www.RDI-Verlag.de